KB072335

로마 환관

권력과 욕망의 이중주

일러두기

이 책은 다음과 같이 표기한다.

1. 외래어는 외래어표기법에 따랐으나 인명, 지명 등의 독음은 원어 발음을 존중해 그에 따르고, 관용적인 표기와 동떨어진 경우 절충하여 실용적인 표기로 하였다.

2. 단행본·전집 등은 겹낫표(『 』), 논문·단편 등은 홑낫표(「 」), 그 외 TV 프로그램, 예술 작품 등의 제목은 홑화살괄호(〈 〉)로 표시하였다.

3. 직접적으로 인용한 부분은 큰따옴표(" "), 재인용이나 강조한 것은 작은따옴표(' ')로 표기하였다.

로마 환관

권력과 욕망의 이중주

손태창 지음

씨아이알

들어가며

로마에 환관이 있었다는 자체가 우리에게는 생소하고 호기심을 불러일으키는 일이라고 생각된다. 본인이 이 주제를 다루기 전에는 동양에서는 익숙한 환관이라는 존재가 로마에도 궁에 존재했음을 인식하지는 못했다. 공부를 하면서 동서양이 모두 권력자의 역사에 환관과 같은 비선적_{秘線的} 세력이 있었음을 원리적으로 이해하게 되었다. 모두가 사람 사는 이야기이다. 그리고 지배자는 권력의 보중을 위해 애쓰는 처지이고 반드시 조력자가 필요하다. 친밀한 인간관계에서 신뢰가 구축된 측근이 필요한 법이다. 이 측근을 통한 정치는 21세기에도 대한민국을 위시한 곳곳에서 흔히 접하게 되는 현상이다.

이 책을 읽게 될 독자들께 본서가 주로 어디에 초점을 두는지 전하자면 이러하다. 본인이 도서와 참고문헌들을 수년간 취급하고 읽고 분석하는 과정에서 환관이라는 주제에는 두 가지 주안점이 있다는 결론을 내렸다.

먼저 성적인 정체성이다. 남자가 그 어떠한 이유로 후손을 생산할 수 있는 성기능이 불능이 되면 좌절하게 되고 사회적으로 자연스럽게 배척

당하고 천시 받는 것이 인류사 대부분의 양상이었다. 그들은 분명 남성이었으나 상응한 대접을 받지 못했고 유일한 위안과 생존의 수단으로 지배자 곁에 충성함으로써 그의 힘에 근거하여 자신의 입지를 세워간 양태를 보인다. 어쨌든 그들은 남자이며, 사회적으로는 탐탁지 않은 대접을 받은 다소 이상한 모양의 남성인 것이다.

또 한 가지는 위의 논의에 연결되어 그들이 왜 로마에서 주목을 받는가 하는 점이다. 1994년 독일 학술지 『Hermes(헤르메스)』에 게재된 더크 쉴링커트 Dirk Schlinkert 의 논문 「고대말의 궁정환관: 그는 위험한 아웃사이더인가?」에 나오듯 환관은 궁에서 위협적으로 비쳐졌다. 황제의 신임을 기반으로 주요 관직자들과 협력·적대 관계를 반복하면서 나름의 정치적 입지를 구축한 것이다. 그럼으로써 로마에서도 일시적이나마 환관이 매우 강한 정치적 영향력을 행사하고 실세로서 위력을 과시한 적이 있었다.

성적으로 무기력해진 거세된 남자들이 유럽 고대 사회에서도 있었다는 흥미로운 사실을 가지고 이 글을 읽으면서, 독자들께서는 환관의 활동상을 통해, 그리고 그 존재의 면면을 통해 역사와 인간에 대한 상호관계적 고찰에 이를 것을 기대한다. 그리고 오늘날 우리가 어떻게 살아야 할지를 다시 진지하게 그리고 유익하게 돌아보게 된다면 이 책이 나름의 소임을 감당했다고 할 수 있을 것이다.

그렇다면 환관이라고 하면 어떤 이미지가 연상될까?

흔히 드라마에서 보듯이 허리를 굽히고 왕의 옆에서 흉측스럽게 기괴한 소리를 내면서 지나친 아부의 말을 하는 신하가 바로 이 책에서 주제가 되는 환관들이다. 그들은 우리의 일상적 표현으로 '내시'라고도 하는 궁내 존재들이다. 이들의 관직자적인 성격을 고려하여 학술적 용어로 주로 쓰이는 '내관內官'이라는 표현이 적절하겠으나 대중적 인지 속에서는 내시가 더욱 친근하고 익숙한 용어이다.

이들은 주로 권력자의 시종이었고 지배자의 기분에 맞추는 말을 하며 시키는 대로 잡심부름을 하는 자로 각인되기도 한다. 왜 그들은 비굴할 정도로 매우 이상한 태도와 행세를 하는 것일까? 우리도 아는 바가 그들이 남성이로되 정상적인 성기능을 하는 자들이 아니기 때문이다. 성적으로 불구이기에 이미 '남성성Manhood'이 결여된지라 남성적인 모습으로 비칠 수가 없다. 그 이유는 강제이든 자의이든 남성성이 거세되었거나 혹은 태생적으로 성기능이 불능으로 태어났기 때문이다.

태생적 성기능의 불능은 흔히 비속어로 '고자鼓子'라고도 불린다. 한자의 어원에서 고찰해보면, 타악기인 북鼓은 소리를 크게 내기 위해 두드린다. 그러나 속은 비어 있다. 그래서 흔히 속이 빈 사람이라는 의미로 활용되었을 것으로 추정한다. 성기능이 되지 않는 자들은 성기는 있으나 고환이 결여되어 있거나 기타 이유로 여성을 임신시킬 수 없었다. 그러한 의미에서 성기능이 비어 있다는 비유법으로 고자라고 불린 것도 같다. 이것이 어색한 표현이 아닌 것은 우리의 일상 생활에서 그러한 표현을 스스럼없이 주로 써 왔기 때문이다.

고자는 문화사에서 매우 흥미진진한 작품의 소재가 되어서 수많은 드라마, 영화에서 조명된 바가 있다. 여하튼 생물학적으로 남성으로 판정이 되긴 해도 우리가 느끼기에 그대로 수용될 수 없는 자들이 이 글에서 소재로 취해진 환관이다. 심지어 어떤 자들은 이러한 환관의 정체성에 대해 '제3의 성'이라고 하면서 그 독특한 면에 독립적 성적 정체성을 부여하려는 시도도 하고 있다.

그렇다면 이들이 왜 권력자와 긴밀한 관계를 가지게 된 것일까? 그 유래는 일단 중국의 옛 역사로부터 소급된다. 비록 우리는 여기서 로마의 환관을 대상으로 이야기를 해야 하지만 이해를 돕기 위해 중국의 유사한 사례는 짚어볼 필요가 있다. 중국에서는 아주 오랜 옛날부터 성적인 불구를 잡아다가 지배자의 궁에 두고 시종으로 부리는 관습이 있었다. 이것은 갑골문자의 시대인 상나라에서부터 흔적을 찾을 수 있다. 상商의 무정 왕武丁王은 약 기원전 13세기에 강족羌族을 소탕하고 그곳의 남자들을 포로로 잡아 심리적 압박 및 패배감을 확고히 심어주기 위해 성기를 거세한 후 본국으로 데려와서 노역을 시키거나 궁에 데려가 하인으로 부렸다. 이것이 20세기 초에 이르기까지 중국사에서 존속된 환관제도의 시작점이다.

그런데 환관을 궁에 두고 활용한 사례는 고대 세계의 여러 곳에서 확인이 된다. 지중해 문명권인 페르시아나 이집트에서도 거세된 자들이 지배자의 궁에서 매우 중요한 기능을 한 사례들이 보인다. 즉 왕들이 그들의 활동을 필요로 했고 써먹기에 좋았던지라 환관의 중용은 불가피해져 갔다. 특히 왕궁의 부녀자들에게 여러모로 도움을 줄 수 있는 시종이어서 환관들이 점점 궁에 늘어나게 되었고 이들의 힘은 자연스럽게 커져 갔다.

궁내에서 종사하는 시종들이 남성인 경우 자주 불미스러운 섹스 스캔들에 연루되는 일은 동서고금을 막론하고 발견된다. 이런 점을 우려해서 오래전부터 여러 왕조들은 제한된 공간이자 폐쇄적인 사회인 궁에서 성적인 문제를 일으키지 않고 봉사할 수 있는 자들을 고려하게 된 것이다. 여성을 임신시키지 않으려면 성적인 기능이 없으면 되는 법. 그런즉 고대 사회에서 거세된 자들이 이 일에 주목을 받고 환영을 받은 것으로 볼 수 있다. 서양에서 대표적인 환관연구자인 독일 뮌헨대학교 교수를 역임한 마리아 데텐호퍼Maria Dettenhofer도 여성을 임신시키지 않는 남자로 궁중 봉사에 있어서 환관이 이용상의 가치가 있다고 설파한 적이 있다.

로마에도 환관이 있었던가? 유럽 고대사의 환관은 이미 헬레니즘화한 세계에서 흔적을 찾을 수 있다. 헬레니즘이라는 말은 마케도니아의 왕 알렉산드로스(재위 336~321년)가 부친 필리푸스 2세(재위 359~321년)가 계획한 페르시아 원정을 실행한 이후 새롭게 이룩한 지중해 사회의 성격을 포괄적으로 규정하는 개념어이다. 즉 그리스적 모습과 정복지인 페르시아 및 여타 근동지역들의 개별적 색채가 융합된 사회가 이후 만들어진 것이다. 이것을 역사학에서는 단지 그리스 역사로 뭉뚱그리는 것이 부적절하다고 보게 된 것이다.

정복 이후 이 지역들에서 그리스적 토대를 기반하여 현지의 관습, 생활 방식도 드러나는 혼합적 문명권이 생겨난 것을 헬레니즘화했다고 부르기 시작한 것이다. 정복자 알렉산드로스는 그곳에서 페르시아 왕조의 오랜 유습인 환관제도를 직접 눈으로 대하게 되었다. 이것이 그의 눈에는 매우 이채로우면서 수용할 가치가 있다고 여긴 것이다. 이후 알렉산드로스의 후손들이 근동 여러 곳에서 왕조들을 통치하는 때에 페르시아의 환관제도는 보급되었고 면면히 이어졌다. 그러나 유럽 본토에서는 활발히 수용된 것으로 보이지는 않는다.

그렇게 세월이 지나는 속에서 기원전 2세기가 시작되면서 로마공화국이 지중해 패권을 차지하고 온 지중해 나라들을 통제하에 두게 되었다. 이탈리아 반도를 거점으로 성장해온 라틴족은 도시 로마를 세우고 이후 그들의 풍습과 전통을 지켜온 부족이었다. 이들은 대체로 기원전 1세기인 로마공화정 말기부터 서서히 지배자의 거처에 외국 출신 환관들을 두게 되었다. 대체로 그리스 지역에서 노예무역을 통해 로마세계로 넘어온 거세된 남성들을 의미한다.

이들은 페르시아에서처럼 주인집에서 허드렛일을 하면서 주로 여성들의 요구에 맞게 봉사를 했다. 더운 여름 차양막을 들고 귀부인들을 대동하여 외출을 돕는다거나 욕조에 물을 받고 목욕을 하는 귀부인 부근에 대기하다가 이런저런 심부름을 하는 등 남자가 감당하기 부끄러운 일들을 하였던 것이다.

그러나 이 글에서 이렇게 흥미진진한 사적인 에피소드로서 환관의 면모를 소개하려는 것은 아니다. 이 글의 주된 방향은 바로 환관이 로마에 존재했고 이들이 중국이나 여느 다른 왕조들에서처럼 정치적으로 역할을 했다는 점을 드러내고자 하는 것이다. 특히 로마 환관은 중국에 비해 제한적으로 드러나는 특징이 있다. 늘 정치적으로 강한 세력을 과시한 것은 아니고 특정한 계기에 의해 경우에 따라 매우 막강한 힘을 과시하였고 황제마저도 조종하는 위력을 보여준 것이다. 그렇다면 이제 시간순으로 로마의 환관을 이해할 수 있게 그들에 관해 알아두어야 할 기본사항부터 정리하고, 이어서 실제로 역사적인 문헌들에서 보이는 로마 환관들의 행적에 대해 알아보겠다. 그리고 본 글에서는 이것이 지니는 의미에 대해 해석하고자 한다.

이제 환관이라는 연구주제에 관련하여 필자 개인의 이야기를 잠시 하고 마치련다. 우선 이 주제에 관심을 가지고 출판의 길을 열어주신 도서출판 씨아이알의 모든 분들께 충심으로 감사드린다. 값어치 있는 것이 내 평생 공저로 한 권, 석사논문, 박사논문 등을 제외하면 본격적으로 단독 저술이 처음 나오는 데에 이 출판사가 도움을 준 것이다. 평생 두고두고 감사해야 할 것이다.

환관이라는 주제는 2011년 봄 우연히 독일 뮌헨대학교에서 동서양 비교 차원에서 연구가 있음을 알게 된 데에서 필자와 연관이 되었다. 필자는 중국과 로마의 환관제도를 비교하여 2016년 박사 학위를 받게 되었다.

세계 최초로 중국과 로마 환관을 학술적으로 비교하신 뮌헨대학교 교수 마리아 데텐호퍼 선생님께 감사드린다. 나를 믿고 연구의 길을 열어주신 분이며 "Man kann alles", 즉 "불가능은 없다"는 신념을 심어주신 2011년 5월 30일의 명언을 여전히 깊이 가슴에 담고 있다. 또한 실제 박사학위 논문 심사에서 유고가 된 데텐호퍼의 자리를 메워주신 뮌헨대학교 서양고대사학과의 크라우제Krause 교수님 그리고 부심사위원이던 당시 뮌헨대학교 부총장 중국학 전문가인 한스 반 에스Hans van Ess 선생님께도 감사의 인사를 전하고자 한다.

아울러 필자에게 연구과정에서 꼭 필요한 자료를 제공해주신 권혁윤 교장 선생님께도 감사드린다. 추운 겨울 서울 한복판 지하철 출구에서 일면식도 없는 자에게 학문의 발전을 위해 소장하시던 자료를 보게 해주신 것이다. 건국대학교 명예교수이며 중국문학 전공자이신 임동석 선생님께도 늘 격려해주심에 감사를 전하고 싶다. 2014년 독일에서 귀국해서 학자로서 커리어를 밟아가는 과정에서 항시 도와주시고 격려해주신 대학원 은사 김경현 교수님과 경상대학교 차영길 교수님에게도 진정 어린 감사를 전한다. 그리고 필자가 생활하는 거처에서 물심양면으로 늘 후원하시고 기도해주시는 가족들, 아내와 두 자녀 그리고 어머니, 동생, 나아가 장인, 장모님께도 이 자리를 빌려 깊은 감사를 드린다.

차 례

제1장

환관

제1장

환관

환관宦官이라는 말을 영어로 번역하기 위해 찾아보면 유녁eunuch이라고 나온다. 그런데 이 말은 원래 고대 그리스어에서 기원했다. '찢는다'라는 의미의 동사형은 에우누키조εὐνουχίζω이다. 이것이 그리스어로 명사가 되고 이후 현대 유럽어로 그대로 전승되어서 영어에서도 철자나 발음이 대체로 유사한 모습으로 활용되고 있다. 유녁은 어원대로 해석하면 '찢김을 당한 자'라는 의미가 된다. 그렇다면 무엇이 찢기게 되었나? 바로 그들의 성기능에 관련된 고환 부위가 찢어져서 제거됨을 의미하는 것이다. 여기서 한 가지 정리해둘 필요가 있는 바가 바로 '환관'이라는 용어이다. 우리는 유녁을 왜 환관이라는 말로 번역하게 된 것인가?

환관에서 환은 '기르다(양성하다)'의 의미이다. 즉 길러서 만들어진 관리라는 의미이다. 여기엔 유럽 언어에서 직설적으로 드러나는 신체적인 가해를 보여주는 개념은 없다. 환관이라는 용어는 바로 고대 중국에서 기원한 표현이다. 그들은 오래전부터 지배자의 궁에서 특수한 임무를 맡을 자들을 어린 나이부터 양성했다는 것이다. 이들이 바로 여성을 임신시킬 수 없는 신체 상태로 궁에 종노릇하러 들어온 환관인 것이다. 황제나 그의

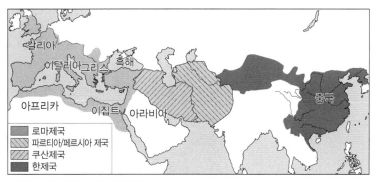

그림 1 로마와 중국(고대 세계의 지도)

집안 사람들에게 봉사하도록 별도의 교육을 받았으니 이러한 배경을 전제하여 거세된 자 등의 직설적 표현이 아니라 길러진다는 느낌이 나는 환관이라고 부른 것이다. 우리가 굳이 이들을 생물학적 특징에 초점을 두고 부른다면 '거세된 자'라고 하는 것이 정확할 것이다.

그러면 왜 유럽인들은 찢어진 자들을 지칭하였고, 중국에서는 환관, 즉 길러지는 양성 요원들을 문헌에서 언급했을까? 먼저 그 역사가 더 오래된 중국의 경우를 놓고 이야기해보자. 본 글의 서두에서 언급된 대로 전쟁이 바로 이러한 신체적 결함을 지니는 자들이 태동케 된 원인이다.

세계사적으로 특이하게 중국에서는 승자가 패자에게 가하는 응징 중에 전쟁 이후 거세하는 풍습이 있었다. 이것의 원인에 대해서는 학자들이 주로 심리적인 면에서 거론하는 편이다. 단지 제압만 하고 말면 이후 분쟁이 다시 일어날 수도 있는 법이다. 그런즉 패자의 기를 온전히 꺾어놓고 상하 관계를 확고히 하기 위해서는 뭔가 특단의 조처가 필요했다고 보는 것이다. 남성의 상징이자 자부심인 성기를 거세해버리면 이들이 심리적으로 위축될 것이고 차후 반란의 의지가 꺾일 것으로 본 것이다. 그래서 일단 거세를 해버렸고 이들을 요긴한 노동력으로 활용하기 위해 잡아 갔다. 대체로 큰 공사나 노동을 요하는 곳에 배치하거나 지배자의 거처(궁)에 잡아다가 그들의 사생활에 필요한 하인으로 활용했다.

궁궐에는 여인들이 당연히 존재하는데 성기가 거세된 자들은 궁에서 성적으로 문제를 유발할 가능성이 없기에 궁에 두고 오래 부려먹기에 적절했다. 이들이 비록 거세된 자들이지만 여자 하인들에 비해 월등히 근력, 체력이 좋아서 궁에서 힘을 사용해야 하는 일들에 아주 실제적인 도움이 되었기에 일반적 하인들에 비해 그 이용 가치가 특별났던 것이다. 이해를 돕기 위해 부언하자면 서양 고대 지중해 무역에서 일반노예보다 노예주들에게 더 큰 이득을 가져다 준 경우가 바로 거세된 자들을 거래한 경우이다.

왜 신체적으로 특이한 환관들이 생겨나는가?

먼저 실제적인 이유들을 살펴보자. 근본적으로 사람이 이러한 조건에 처할 수 있는 세 가지 경우에 대해 매우 명쾌하게 제시한 서양 고대의 문헌이 신약성경이다. 「마태복음」 19장 12절에 이혼과 부부 관계의 문제에 대해 토론을 하던 중 예수는 이러한 의견을 들려준다.

> 모태로부터 그렇게 태어난 고자도 있고, 사람이 고자로 만들어서 된 고자도 있고, 또 하늘나라 때문에 스스로 고자가 된 사람도 있다.…
>
> (「마태복음」 19장 12절, 「새번역성경」에서 발췌)

여기서 "고자鼓子도 있고"라는 말은 그리스어 원어에서 '에우노코이 εὐνοῦχοι'라는 말을 한국어로 옮긴 것이다. 이것이 바로 우리가 알고 있는 '거세되다'라는 의미이다. 그래서 우리는 흔히 습관적으로 관직의 느낌이 나는 환관이라는 말로 대체하는 편이다. 그렇다면 고자가 거세된 자를 의미하는 말인 것을 염두에 두고 위에서 세 가지 거세되는 환경이 무엇인지 생각해보자.

첫 번째 경우는 말 그대로 선천적인 환관이 존재한다는 것이다. 두 번째 경우인 사람이 고자로 만든다는 것은 환관이 되는 대부분의 경우에 해당한다. 타의에 의해 성적으로 거세당한다는 말이다. 이는 주로 전쟁의 결과 혹은 범죄의 결과로 승자나 형의 집행자에 의해 거세된다는 뜻으로, 서기 1세기 초엽 지중해 세계에서는 유대인들도 그러한 환경에 의해 거세를 당하여, 권력, 재력이 있는 집안에 노예로 팔려간 경우가 있었음을 암시한다. 당시 유대아Judaea는 로마제국의 패권 아래에 있는 피지배국이었다.

세 번째의 경우는 스스로 고자가 된다는 것이다. 초기 기독교 사회 혹은 로마제국 초기에는 신앙을 숭고하게 지키기 위해, 금욕적 생활을 지키려는 자들이 성적인 유혹을 극복하는 방도로 스스로 자기 성기를 거세한 경우가 있었던 것이다. 유명한 교부학자인 오리게네스Origenes도 그중 하나이다.

이는 우리나라 역사에서도 자주 보이는 현상이다. 불교에서는 세속적 생활이 수도에 방해가 된다고 여겨 숭고한 삶을 지향하려는 일환으로, 승려가 되려면 세속의 연을 끊고 절에서 평생 절제된 생활을 한다. 비록 성기는 보존하지만 여자를 가까이 하지 않고 유혹의 수단이 되는 술과 육류를 금하는 것 또한 바로 그러한 금욕적, 종교적 삶을 지향하던 태도였다.

앞의 환관이 되는 세 가지 생물학적인 이유들을 우선 인식하고 실제로 로마사회에서 성적인 불구가 되는 구체적 이유가 무엇인지를 생각해보자. 특히 두 번째 경우인 타의에 의해 왜 거세를 당하는지에 대해 살펴보는 것이 좋을 것이다. 차후 궁정에 들어가서 영향력 있는 환관이 되는 자들의 대부분이 이러한 방법으로 거세가 되었기 때문이다.

첫 번째는 형벌적 차원에서 발생한다. 죄에 대한 대가로 가할 수 있는 여러 가지 형벌 중에 신체형이 있다. 이 가운데 당사자에게 지속적인 굴욕을 가하는 매우 강도 높은 처벌 방법이 바로 남성의 상징인 성기를 훼손시켜 기능을 마비시키는 거세형이었다.

로마 역사를 거슬러 올라가면 왕정시대 로마의 왕 타르퀴니우스 수페르부스Tarquinius Superbus(재위 534~509년)는 그에게 반대하는 시민들에게 거세형을 실행하기도 했다(테오필루스, 아우톨리쿠스에게 보내는 편지, 3. 27). 기원전 43년에는 루키우스 미누키우스 바실루스Lucius Minucius Basilus 라는 과거 카이사르의 장교직을 맡은 인물이 그의 노예들 몇 명에 대해 거세형을 실행하였다. 하지만 이유는 나오지 않는다. 그리고 그는 이후 다른 노예들에 의해 모살당했다는 이야기가 전해온다(아피아누스,『내전기』3. 98).

심지어 종교적인 박해의 일환으로 거세당한 이야기도 알려진다. 서기 4세기에 활동한 교회사가 에우세비우스는 기독교를 믿는다는 이유로 잡혀온 자들이 자주 거세당하고 이후 중노동에 처해졌다고 전한다(에우세비우스,『교회사』「순교의 시대편」7권 4장). 그밖에 로마사회에서는 여인을 강간한 자에 대해서 바로 거세형으로 응징하는 관습이 있었던 것으로 보인다. 가령 강간과 맥락이 유사한 사례인 간통의 처벌에 대해서도 문헌은 전한다. 카르보 아티에누스Carbo Attienus 가 간통을 하던 자리에서 적발되어 거세를 당했다는 기록이 발레리우스 막시무스Valerius Maximus 의 『명인열전』6. 1.

13에 기록되어 있다.

거세가 타의에 의해 일어나는 것은 경제적 이득을 의도한 때이다. 로마 사회에서 경제적 이해관계는 여느 다른 곳과 마찬가지로 현실적으로 중요하였던 것으로 보인다. 당시 지중해를 주된 거점으로 유럽 땅 그리고 인근 지역들이 대대적인 무역을 하였다고 알려진다. 주된 항구도시인 델로스에서는 하루에도 수천 명의 노예들을 대상으로 거래가 이루어졌다. 다양한 많은 나라, 지역에서 온 노예들이 거래의 결과로 로마의 땅으로 드나들었던 것이다. 노예들 중에서 가장 많은 값을 받고 팔 수 있는 종류의 노예가 바로 거세된 이들이었다.

그들은 주로 '루스트 크나베Lustknabe'로서 큰 인기를 차지했다. 이 말은 독일어로 '유희를 위해 쓰이는 아동'이라는 뜻이다. 이는 다분히 동성애를 전제한다. 고대 그리스에서는 대체로 동성애 역시 활발하였다고 알려진다. 따라서 로마를 포함한 다른 곳에서도 이러한 영향을 받았을 것으로 보인다.

중국에도 미동美童이라는 개념이 있었다. 이는 얼굴이 매우 곱고 수려한 남자아이를 일컫는 말이다. 간혹 중국의 지배자 혹은 금권을 장악한 귀족들이 이러한 아이들을 총애하여 곁에 두고 하인으로 부리기도 하고, 경우에 따라 성적 유희의 대상으로 삼기도 했다. 이러한 배경을 두고 생각해 본다면 왜 군이 노예를 거세해서 활용하는지에 대한 이유를 찾아볼 수 있다. 더불어 로마 궁정에 그러한 신체 조건을 지닌 자들을 두어 여인들을 위한 봉사에 유용하게 활용했을 것은 쉽게 짐작할 만한 일이다. 그들은 성적 기능을 상실한지라 2세를 임신시킴으로써 궁내 질서를 어지럽힐 가능성도 없으니 말이다.

비싼 값을 받고 팔 수 있으니 그리스 로마의 지중해 사회에서는 이러한 거세된 자들을 팔려고 하는 노예주들이 늘어났고, 그러한 환관 요원이 될 수 있는 거세된 자들의 수요는 항시 대단했던 것이다. 이로 인해 본인의 의사와 무관하게 강제로 거세당해 팔려가는 자들이 수백 년 동안 지중해 시장에서 주된 관심의 대상이 되었던 것이다.

이들은 대체로 두 가지 외적인 요인에 의해 노예가 되었다고 알려진다.

먼저 전쟁의 결과이다. 중국의 경우 전쟁에서 이긴 자가 패전한 자들을 상대로 노예로 삼아 잡아간다고 알려져 있다. 그러나 로마 세계와 중국의 관행이 다른 점은, 중국은 그 잡은 자들을 심리적 이유 및 실제적 노동력 활용이라는 필요에 의해 주로 거세한 데 비해, 로마의 문헌에는 전쟁의 결과로 패전국의 사람들을 거세해버렸다는 기록이 매우 드물다. 즉 지중해 사회에서는 승자가 보복을 위해 거세하는 일이 적어도 드문 현상이었다는 점이다. 여기에서 필자가 주장하는 것도 노예가 생겨나는 원인으로 전쟁이 한 가지 배경이 된다는 말이다. 그런즉 노예가 된 결과 이후 경우에 따라 잡아간 노예주의 결정에 의해 거세를 당할 가능성도 있다는 말이다.

노예가 되는 두 번째 경우는 지중해 일대에서 빈번했던 해적 행위 때문이다. 해적들은 바다를 다니는 상선이나 무방비의 해안지역을 급습하여 금품과 인신을 약탈, 납치하여 붙잡은 자들을 금전적 이득을 위해 다른 상인들에게 내다 파는 일을 일삼았던 것이다. 한반도를 축으로 하는 동북아 역사에서도 과거에 중국의 해안지역으로부터 한반도 등지로 급습한 해적들이 인신을 잡아다가 거래하는 풍습이 존재했었다.

이러한 납치 행위는 해적만이 아니라 내륙 지역에서도 이뤄졌다. 즉 거리에서 갑자기 납치되어 팔리는 자들이 로마 세계에서도 마찬가지로 존재했다. 심지어 어린 나이에 부모에 의해 내버림을 당한 어린이들이 이후 범죄자들의 손에 넘어가서 결과적으로 노예가 되어버리는 경우도 허다했다. 이를 독일어에서는 어린이 유기 Kindesaussetzungen 라고 부른다. 현대에서도 그러하지만 경제적 형편이 비교적 더 힘들었던 2,000여 년 전 지중해에서는 가난이나 부모의 결함으로 인해 그렇게 방치되거나 유기되는 아이들이 많았을 것이다. 그러한 불우한 아동들이 선의의 손길에 닿지 않게 되면 바로 경제적 이득을 노리는 어두운 손에 넘어가서 노예 신세로 전락하였던 것이다.

노예주의 손에 넘어간 불우한 남아들은 결국 아주 이른 나이에 거세를 당한다고 기록이 되어 있다. 이는 다분히 노예주가 이 아이들을 유력한 가문의 돈 많은 자들이나 궁정에 팔아서 큰돈을 벌려고 했던 것으로 보인다. 현대의 연구에 의하면 주로 소아시아 지역 출신의 아이들이 로마세계에서 환관의 공급원이었다고 한다. 이곳은 바로 그리스 영토와 바다를 두고 그리 멀지 않은 거리에 떨어져 있던 로마 세계와 해상으로 수월하게 왕래할 수 있던 비백인들의 땅이었다.

그리고 이 소아시아는 다른 지중해 지역들에 비해 문화적으로 개방적이었고 환관제도가 성행하기도 했다. 이들은 노예시장에서 지나가는 구매자들이 쉽게 식별할 수 있도록 나체 상태로 전시되었고, 이로써 누가 보아도 이들의 신체적 상태가 건강한지 그리고 제대로 거세된 것인지를 알게 되었다고 한다.

2000년에 개봉되어 전 세계적으로 큰 주목을 받았으며 전통과 권위를 자랑하는 아카데미 시상식에서도 아주 많은 부문을 석권한 기념비적인 역사 영화 〈글래디에이터〉에서 우리는 노예가 거래되는 장면을 볼 수 있다. 시장통에서 거래되는 신체 건장한 남자 노예들이 나체 상태로 전시되어 있다. 그들은 몸에 숫자나 그 어떠한 표시가 된 채로 지나가는 구매자의 이목을 끌도록 상품이 되어 진열되었던 것이다. 그리고 그들을 파는 장사꾼은 각 노예들의 용도에 대해 선전을 하는 모습을 보인다. 대제국 로마가 영위되는 데에 노예노동이 매우 중요했음을, 그리고 동시에 로마 세계에서는 여러 루트를 통해 노예들이 생성되고 거래되고 있었음을 간접적으로나마 느낄 수 있는 장면이라고 할 것이다.

어떻게 거세하였을까?

이제 말하기 거북한 매우 끔찍스러운 부분을 설명해야 한다. 즉 당시 로마인들은 어떻게 노예나 그들의 통제하에 들어온 남자들을 거세하였 단 말인가? 이에 관련하여 로마의 문헌에서도 중국에서처럼 이것을 설명 해주는 의료적인 설명을 담은 문헌이 있다. 이해를 돕기 위해 로마보다 먼저 이러한 관행을 도입한 중국에서의 실례를 잠시 소개하도록 하겠다. 『환관: 황제의 비서실장』에 이러한 설명이 보인다.

"먼저 피시술자가 더운 온돌 마루 위에 반와半臥 자세로 누우면 조수 한 명이 피시술자의 허리를 꽉 껴안아 시술하는 동안 요동을 치지 못하게 한다. 그리고 다른 두 명의 조수는 각각 좌우측 다리를 잡아 꼼짝 못하 게 만든다. 그런 다음 따오쯔장이 피시술자의 얼굴을 정면에서 내려다 보면서 다시 한번 신중하게 묻는다.

'후회하는가, 후회하지 않는가?'

이때 피시술자가 말은 하지 않더라도 얼굴에 조금이라도 후회하는 기색 이 내비치면 시술을 하지 않았다. 그러나 '후회하지 않는다'고 말을 하면

말을 마치기가 무섭게 재빨리 시술을 시작하였다. 마음이 바뀔 수도 있기 때문이었다.

시술에 들어가면 먼저 가늘고 질긴 실과 흰색 천으로 피시술자의 하복부를 단단히 싸맨다. 그리고 뜨거운 후춧가루 물로 시술 부위를 서너 차례 깨끗이 씻어내고 양기와 음낭陰囊을 잘라낸다. 그런 다음 촛대 모양의 금속관을 요도에 삽입하고 상처 부위는 냉수에 적신 종이로 조심스레 싸맨다.

시술을 마친 직후 두 명의 조수는 피시술자를 부축하여 방 안에서 두세 시간 동안 걸음을 걷게 한 다음 자리에 눕도록 한다. 시술을 마친 후 3일 이내에는 소변을 보지 못하도록 물을 마시지 못하게 하였다. 따라서 이 기간이 피시술자에게는 가장 고통이 심하고 목이 말라 참기 힘들었다고 한다."

(박인수, 『환관: 황제의 비서실장』, pp.20-21)

위의 거세시술에 관한 설명을 유념하고 이제 로마에서 실제로 어떻게 남자의 생식기를 절단했는지를 알아보고자 한다. 이에 대해 알려주는 좋은 문헌은 서기 7세기에 살았던 비잔틴 학자 파울루스Paulus(ca. 625-690년)의 글이다. '7권의 의료요약서'로 번역되는 『epitomes iatrikes biblia hepta』라는 그의 저술에서 이러한 정보가 전해진다.

"먼저 압박에 의한 방법은 이러하다. 미약한 연령의 어린이들은 뜨거운 물이 든 욕조에 투입된다. 그리고 목욕을 통해 신체의 부분들이 이완될 때, 고환(불알)은 손가락에 의해 (그것이) 다 없어지도록 쥐어짜이게 된다. 그리고 고환이 사라져 버리면 더 이상 감각도 없어지게 되는 것이다. 그리고 절개에 의한 방법은 이러하다. 환관이 되기를 원하는 자를 의자에 앉힌 다음 고환에 든 음낭이 (시술자의) 왼손 손가락에 의해 잡히게 하여 쭈욱 늘어지도록 한다. 시술용 칼에 의해 두 번의 절개가 이루어진다. 고환당 한 번씩 절개가 이뤄진다는 말이다. 고환의 압박이 시작되어 이후 잘려나가게 되면 단지 그것들의 자연스러운 상태에서 혈관 사이를 연결시키는 엷은 막이 남을 뿐이다. 이 방법이 압박술에 비해 더 선호되는 시술법이다. 음낭이 짓눌려버린 자들이 때때로 여전히 성적 욕망을 가지게 된다면, 고환의 특정 부분이 아마도 압박당했을 때에 충격으로부터 벗어났기 때문인 것으로 보인다.”

위에 인용한 문헌은 중국과 로마에서 시행된 여러 가지 거세시술 방법 중 한 가지 사례이다. 위의 두 가지만 보고 로마 측 사료가 자세하다고 대조적인 인상을 가질 이유는 없다. 양 제국에서 유사한 면이 어린 나이의 남자를 데려다가 뜨거운 곳이나 물에 넣어서 근육을 이완시켜 시술을 원활케 한다는 점이다. 이후 성기능을 불구로 만드는 방법은 모두 잔인하고 물리적인 완력을 요한다.

중국은 절개의 방법을 소개하고 있고, 로마의 의료서에서는 압박과 절개 모두를 소개한다. 그러나 실제로 중국문헌에 의하면 그 두 종류의 시술을 적절하게 활용하였음을 알 수 있다. 성기능의 요체는 고환에 들어 있는 남자의 정액을 만드는 곳이다. 이 기능을 없애버리면 결국 환관은 남성의 생식작용을 못하게 된다. 이는 이 피시술자들이 환관의 봉사에 투입되는 경우 궁에서 여성을 임신시킬 수 없도록 하기 위한 방도이다.

하지만 그러한 성기능의 불능화 작업이 그저 여성에 대한 피임의 방지라는 면만을 의도한 것은 아니다. 추가로 중시되어야 할 거세의 효력은 거세된 자들이 궁에서 주군에 대해 절대 충성하도록 하기 위함이다. 또한 이들이 신체적 결함으로 인해 사회적으로 꼼짝 못하게끔 무력한 심리 상태에 빠지게 될 것도 고려했다고 보아야 한다. 이러한 조건들이 구비되면 대체로 궁에서는 황제나 황실 가족 구성원들이 환관이 충성할 것이라고 믿게끔 되는 것이다. 이 과정이 무난히 성공하게 되면 그들은 수요가 있는 곳에 팔려가서 환관(정식으로 임무를 받는다는 의미에서 관리로서 기능)이 되는 것이다.

로마에서는 잘 알려지지 않은 내용인데 이 대목에서 중국의 사례를 언급하자면 환관들은 이후에도 자주 실제로 성기능의 정상 여부를 검사받았다고 한다. 그래서 궁에서는 정기적으로 환관의 총괄 업무를 맡는 자들이 하의를 벗겨 성기 부분을 검사했고 간혹 가짜로 환관 행세를 한 자들을 색출했다고 한다. 그 이유는 중국의 경우 거세하는 때에 두 가지 방법이 모두 이용되었던 것이다. 차후 다른 불상사를 막기 위해 완전히 거세하는 방법 Vollkastration(폴카스트라치온)을 취했다면 걱정할 필요가 없다. 이 경우 음낭, 생식기, 고환 모두 다 잘라버리는 것이니 당사자의 성기능을 무력화해버리는 결과를 낳는 것이다.

하지만 부분 거세 Teilkastration(타일카스트라치온)는 이후 성기능이 회복되는 경우가 있어 문제를 일으킬 소지는 있었던 것이다. 이에 관련하여 오버랩되는 한국영화의 기억이 있다. 본 글의 필자가 태어나기도 전인 1968년, 그해 엄청난 흥행기록을 달성한 〈내시〉라는 영화가 있었다. 여기서 한 장면이 위의 대목과 연관이 된다. 어느 사대부 가정의 젊은 남성이 그가 연모하였으나 궁녀로 차출되어 간 여인을 만나러 궁에 비밀리에 침투하였다. 주인공은 스스로 거세하여 내시의 신체적 조건을 구비하고 몰래 침투한 것으로 설정되었다. 영화에서는 긴장감을 드리우기 위해 궁에서 실시하는 내시들의 성기 검사 장면을 연출하였다.

거세와 관련하여 이상에서 보듯이 역사적으로 아주 오래전부터 문명 사회에서는 정치적 이유 혹은 다른 여러 이유 등으로 자의든 타의든 성기를 거세했던 것이다. 그리고 궁에서 봉사할 환관들에 대해서는 궁 사회의 규정으로 엄격히 거세 여부를 검사하기까지 한 모습을 알 수 있다. 거세하는 과정의 이면에는 당사자의 결연한 의지도 있고 동시에 거세를 가하는 주체의 의도와 계산도 치밀하였다고 할 것이다. 거세는 문명사회의 치부이기도 했고 나름 궁이라는 특수사회의 음지를 보여주는 상징이라고 할 것이다. 그러나 궁의 권력자들은 그들의 편의를 위해 거세당한 자들을 서슴없이 부리는 냉혹한 면을 보여준 것이다.

제 2 장

로마의 환관

제 2 장

로마의 환관

유럽의 선구적 환관

헬레니즘 왕국들의 사례

본 장, 즉 로마의 환관을 이해하기 위해서는 선행된 환관의 사례인 헬레니즘 세계에서의 환관들을 먼저 살피는 것이 필요하다. 헬레니즘 시대(기원전 330~30년)는 로마가 거대한 영토를 구축하여 대제국으로 나아가기 이전부터 있던 시대이다. 로마 환관이 등장하는 기원전 1세기에 비해 앞선 시기라는 말이다. 기원전 330년대에 마케도니아의 왕 알렉산드로스는 동방원정을 단행하여 당시 지중해 세계 최대 영토를 지닌 페르시아를 멸망시키고 그 터 위에 그리스적 요소와 현지의 생활방식을 혼합한, 세계사에서 최초의 코스모폴리탄Cosmopolitan적 사회를 만들었다. 말 그대로 여러 요소가 섞이면서 조화를 이룬 사회라는 뜻이다. 즉 그리스어를 공용어로 하면서 원주민의 기본적인 생활방식은 수용하여 사회 자체가 무리 없이 유지되도록 하는 정복지에서의 쇄신된 정책을 편 것이다.

그래서 알렉산드로스가 정복을 통해 획득한 페르시아 및 주요 근동지

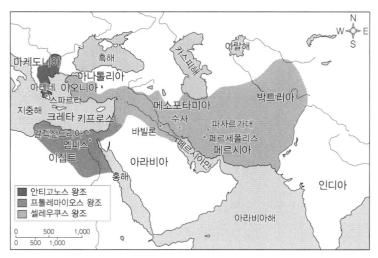

그림 2 헬레니즘 세계

역의 영토들이 두 가지 요소를 모두 지니면서 역사를 이끌어갔다고 보는 시각이 19세기 독일 역사학자 요한 구스타브 드로이젠Johann Gustav Droysen에 의해 제기된 이후 학계에서 통용되었다. 알렉산드로스가 정복한 영토들에는 가장 큰 페르시아 외에 소아시아의 무수한 도시 국가들이 있고 페르시아 너머의 인도 가까운 곳의 여러 다양한 산악부족들 등이 포함되었다. 이제 환관의 실제와 관행을 알기 위해 설명하게 될 나라에는 매우 다양한 곳들이 있으며 이집트, 페르시아 등의 왕국들에서는 환관의 복역을 대부분 궁정에서 제도화하고 있었던 것이다.

헬레니즘 시대의 환관은 후대에 로마인들이 궁에서 활용한 환관의 실제를 이해하는 가장 적절한 사례가 된다. 이것은 중국이나 지중해의 비백인 세계에서 나온 문화의 산물이어서 로마인들에게는 독창적 발명품이 아니라 수입품이었기에 그러하다. 그렇다면 헬레니즘 시대에 알렉산드로스가 정복한 지역들에서, 즉 근동에서 환관들이 어떠한 용도로 활용이 되었을까? 독일 페터 구욧Peter Guyot의 1980년 박사논문인 「해방노예와 노예로서의 환관」의 연구 결과에 근거해서 정리해보면 다음과 같다.

먼저 우리가 인식할 수 있는 흔한 기능은 일반적으로 유력자의 집안에서 허드렛일을 하는 하인과 같은 임무에 주로 이용된 경향이 있다. 우선 왕실 혹은 황실 − 황제가 거하는 곳은 황실이다. 황제라고 하면 단일한 영토보다는 아주 방대한 영토를 지닌 지배자로 보는 것이 일단 이해하기 쉽다 − 의 원활한 기능을 위해 집안일에 투입되었다. 이미 환관의 기능을 언급하면서 살펴본 바와 같이 환관은 본래가 남자이기에 여자 하인들이 감당하기에 버거운 일에 주로 활용되었다고 보는 것이 좋다. 궁의 지체 높은 여인들이 목욕을 하는 때에 주변에 대기하다가 필요한 물건을 가져다준다든지 더운 날 햇볕에 노출되기를 꺼리는 여인들을 위해 거대한 차양막을 들고 다니면서 편의를 제공하는 일 등이다. 이외에 요리에 관련된 일에도 환관들이 이용되었는데, 요리사가 만든 요리의 간을 본다든지, 아니면 지배자가 마시는 약이나 음료수를 미리 마셔서 독이 있는지 확인하는 등 우리나라 왕조시대에 흔히 볼 수 있는 위험을 무릅쓰는 일에 투입되기도 하였다.

이것과 어느 정도 맥락을 같이 하는 사례가 『성경』 「창세기」의 요셉의 이야기에서 발견된다. 요셉이 누명을 쓰고 감옥에 갇힌 때에 그곳에 함께 수감된 죄수들 가운데는 술을 맡은 관원장과 떡을 맡은 관원장이 있었다. 이러한 업무 분야는 조선시대 수라간을 연상시킨다. 주로 임금의 식사를 보살피던 부서를 통칭하는 말이었다. 현재 이집트 문화를 연구하는 전문가들은 이러한 직책을 이집트 사회에서는 왕의 측근인 거세된 환관이 맡았을 것으로 보는 경향이 있다. 즉 먹고 마시는 영역에 환관이 역할을 했음이 농후한 대목이다.

환관은 위와 같은 미천한 성격의 일만 맡은 것은 아니고 개별적 재능에 따라 지식을 제공하는 일도 했다. 환관들 중 재능이 있는 자는 교육 혹은 양육 기능을 담당한 것이다. 왕의 집안에서 그의 2세들을 양육하고 교육하는 고상한 분야를 맡은 것이다. 기원전 2세기의 역사 속에서 이러한 모습을 볼 수 있다. 헬레니즘 왕조들 중 가장 영토가 컸던 셀레우쿠스 왕조의 환관 크라테로스 Krateros 는 안티오코스 Antiochos 9세의 교육을 맡았고, 이집트 왕조의 전신인 프톨레마이오스 Ptolemaios 왕조의 프톨레마이오스 6세의 교육도 환관인 에울라이오스 Eulaios 가 맡았다.

이러한 헬레니즘적 전통은 로마에도 이어져 가령 서기 4세기 테오도시우스 1세(재위 379~395년)의 두 아들들인 아르카디우스 Arcadius(재위 395~408년)와 호노리우스 Honorius(재위 395~423년)를 어려서부터 가르쳤다고 여겨지는 자가 바로 외국 출신 선임 환관 에우트로피우스였다. 고대 사회에서 유럽 역시 마찬가지로 동양 사회처럼 군주들이 자녀들의 교육을 중시한 것은

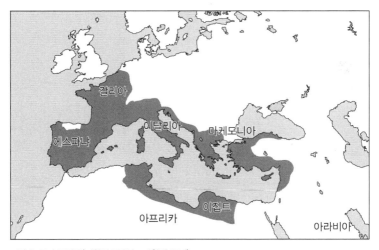

그림 3 로마 공화국(기원전 509년~기원전 27년)

동서고금을 막론하고 동일하였다. 역사에 강한 인상을 남기는 대제국을 건설한 알렉산드로스 대왕 역시 어린 시절 그의 부친 필리푸스 2세가 당대 최고의 석학 아리스토텔레스를 가정교사로 삼아 장기간 양육토록 한 것은 그러한 2세 교육의 중요성을 단적으로 보이는 사례인 것이다. 이러한 중대한 일에 아무래도 지척에 있던, 그리고 오랜 세월에 걸쳐 신뢰가 형성된 환관을 투입하는 것은 자연스러운 일이라고 생각된다.

1~3세기 로마의 환관

구욧의 연구에 의하면 로마 사회에서도 이미 아우구스투스(기원전 27~서기 14년)의 시대에서부터 부잣집이나 황궁에서 환관의 존재가 보인다고 주장한다. 황가에서는 단지 황제만이 아니라 그의 가족들 역시 개인 환관을 두고 부리고 있었다는 말이다. 그런데 문헌에 버젓이 이름이 나오는 경우는 후대인 티베리우스 치세(14~37년)부터이다. 그는 아우구스투스의 서자였는데 그 배경이 바로 필리피Philippi 전쟁에서였다. 이는 기원전 44~42년에 벌어진 사건으로 로마의 지배자였던 카이사르를 살해한 자들과 카이사르의 상속인 옥타비아누스 간에 벌어진 권력투쟁 성격의 전쟁이었다. 티베리우스의 어머니 리비아Livia는 전쟁의 패장이 된 남편과 강제로 헤어져 승장 아우구스투스(당시 이름은 옥타비아누스)에게 잡혀가서 결국 첩이 되고 만다. 아주 어린 나이의 티베리우스는 어머니와 함께 그의 양부가 될 옥타비아누스를 따라가야 했다.

이 티베리우스의 아들 드루수스Drusus의 환관은 릭두스Lygdus였다. 그는 원래 드루수스의 성적 쾌락에 이용된 동성애 파트너였고 궁에서 음식

맛을 보는 일을 했다고 전하며, 결국 드루수스에 의해 독살을 당하였다
(Guyot, 『Eunuchen als Sklaven und Freigelassene in der griechisch-römischen Antike』 1980,
p. 214).

　이후 클라우디우스(재위 41~54년)의 치세에서 궁내 환관의 세력구도가 확연히 달라지는 모습을 보인다. 일단 수적으로 아주 많은 환관이 궁에 포진하였던 것이다. 이들은 원래 대부분 해방노예들이었다. 여기서 해방노예의 개념을 약간 정리할 필요가 있다. 주의해서 문헌을 보지 않으면 혼동하거나 착각하는 용어이기 때문이다.

　해방노예는 영어의 표현을 가지고 명료하게 정리해서 이해해둘 필요가 있다. 두 가지 표현을 가지고 보자. free men/freed men으로 구분해서 정리할 수 있는데, 크게 보면 동일하게 '자유를 지니는 자들'로 볼 수 있다. 하지만 형용사에 유의해야 한다. 전자는 일반적 용도로 쓰이는 전형적인 형용사이다. 분사적 연관이 없다는 말이다. 말 그대로 자유로운 사람들(남자들)이다. 이는 태생이 자유민 출신이라는 의미를 지닌다. 하지만 후자는 자유롭게 된 남자들로 보아야 한다. 이는 과거에는 자유롭지 않았다는 뜻으로, 노예였던 자가 자유를 얻어 이제는 자유민 신분이 되었음을 분사 freed가 암시한다고 할 것이다. 그래서 우리나라 역사학에서는 전자를 자유민, 후자를 해방노예로 구분해서 표기하고 있다.

　그러면 클라우디우스는 집권을 하면서 자기 주변에 왜 그토록 많은 해방노예들을 두었을까? 그의 불안정한 지지기반을 보완할 필요가 있었을 것이다. 그는 선황제 칼리굴라Caligula(재위 37~41년)가 폭정의 결과로 제거된 후 후임으로 등극한 탓에 궁내에 강한 지지 세력이 부족했다. 이는 기존의 막강한 세력을 누리던 원로원 의원들이나 수구 세력들이 호락호락하지 않으면서 클라우디우스를 견제했다는 의미이다. 클라우디우스는 툿세

를 부리는 기존의 궁내 기득권 세력들에 의해 불리한 처지에 놓인다. 그 래서 그의 휘하에 두고 신임하던 해방노예들을 의도적으로 거세하여 궁에 배치한 것이다.

굳이 거세를 한 것은 멀쩡한 남자들을 궁에 두는 명분이 필요했기 때문으로, 궁에서 노역을 할 시종으로 활용하겠다는 이유를 만들어 낸 것이다. 즉 이렇게 클라우디우스 측근에 투입된 해방노예들은 단순히 환관의 기능을 한 것이 아니라, 집단적으로 위용을 과시하면서 황제에게 대항하는 관직자들에 맞서 대척 세력 Gegengewicht, conterweight 으로서 기능한 것이다.

대척 세력이라는 개념은 환관 전문 연구자인 구욧이 사용한 독일어 표현이다. 흔히 현대 정치계 용어로 특정한 유력인물에 맞서는 자로 '대항마'라는 표현을 쓰는데 이와 유사한 개념으로 이해하면 적절할 것이다. 클라우디우스의 환관이 된 해방노예들은 이후 기대한 대로 유효한 결과를 보여주었다. 로마 제정기의 대표적인 역사가 타키투스의 『연대기』 11권 29~38장을 보면 서기 48년 클라우디우스의 부인인 메살리나 Messalina 가 모반을 일으켰을 때 이것을 확실히 진압하는 데 기여한 것이다. 로마사에서 강한 인상을 남긴 메살리나는 사료에 의하면 부정적인 이미지를 지니는 황실 여인이었다. 낮에는 멀쩡히 국모의 역할을 하다가 밤이 되면 온몸을 가리는 복장을 하고 궁을 빠져나가서 천하게도 매춘굴을 기웃거리며 남정네들과 정을 통하면서 욕정을 채웠다는 이야기가 전한다.

이렇듯 로마 제정기 帝政期(기원전 27년~서기 476년) 초기 강한 인상을 남기는 집단적인 환관의 정치적 작용은 이후 로마사에서 늘 등장하는 것은 아니다. 환관들은 궁에서 주된 임무인 심부름이나 황실 사람들의 개인생활을 돌보는 일을 일상적으로 담당했다. 그러다가 필요시 루스트크나베로

로마 환관_권력과 욕망의 이중주

서 활용되는 정도였다. 클라우디우스 시대에 드러난 환관의 정치적 작용은 서기 3세기까지 매우 드문 현상이었다.

클라우디우스의 입양된 아들 네로 Nero (재위 54~68년)는 여러 명의 친분이 깊은 환관들을 두었다. 이 중 클라우디우스 펠릭스 Claudius Felix 라는 자는 해방노예 출신으로 네로가 특히 총애하던 동성애 상대였다. 그는 네로의 지원으로 많은 재산과 하인을 두면서 부와 권세를 누린 것으로 보인다. 네로가 환관을 여럿 둔 것은 그의 성격적 면에서 이해가 된다. 우리에게 폭군으로 잘 알려진 네로는 원래는 명석한 자였다. 예술에 관심이 많아 특히 노래하고 시를 짓는 것을 좋아했으며, 체면을 잘 차리지 않는 개방적 성격으로 밤에 많은 연회를 베풀어 자신이 지은 시를 직접 연주하거나 노래하였고, 주변에 음악적 재능을 지닌 자들을 두고 취미 생활을 만끽했다. 그런즉 음주 가무와 방탕한 사생활로 인해 환관들이 기생할 여지가 컸으며 그는 동성애자의 면을 노출하였다.

이것의 배경에는 한 가지 비극적인 에피소드가 있다. 로마사에서 매우 정치적 성향이 강했던 황실 여인으로 알려진 클라우디우스의 아내이자 네로의 모친인 아그리피나 Agrippina 는 – 클라우디우스가 메살리나를 처형하고 아내로 삼은 네 번째 부인 – 갖은 노력을 다해 네로를 황제로 만든 뒤 사사건건 정치에 개입하였다. 흔히 동양사에서 회자되는 표현, 즉 '수렴청정 垂簾聽政'과 유사한 기능을 네로의 모친이 행사한 것이다. 수렴청정은 중국사에서 어린 황제의 정사를 돕기 위해 직접적인 의사발언권이 없었던 황실여인이 – 주로 황태후 – 자신을 가리는 발 뒤에서 황제를 향해 낮은 음성으로 이야기를 하던 관습을 이르는 말이다.

모친의 지나친 간섭을 못 견딘 네로는 황당하게 그녀를 죽일 계획을 세우고 시행착오를 거치면서 결국 존속 살해의 만행을 저질렀다. 그로 인해 네로의 정신은 피폐해졌고 이러한 패륜적 죄악으로 인해 괴로워하면서 망가져 갔다고 볼 수 있다. 그가 오로지 음주가무를 즐겨한 것도 다 그러한 전사前史에 기인한 듯하다. 그런즉 환관을 통한 쾌락 추구와 위안을 기꺼이 그의 인생길에 받아들인 것으로 해석할 수 있다.

네로 이후 로마 황궁에 환관은 존재하였지만 미천한 봉사 이외에 오랜 기간 달리 특이할 만한 정치적 면모를 찾기는 어렵다. 문헌을 통해 주목할 만한 환관 활동의 변화상은 서기 3세기에 이르면 부분적으로 드러난다.

세베루스 Severus 황가의 시조가 된 셉티미우스 세베루스 Septimius Severus(재위 193~211년)의 황궁 경호대장 풀비우스 플라우티아누스 Fulvius Plautianus 는 202년 100인의 성인 남자들을 거세하여 자신의 딸 풀비아 플라우틸라 Fulvia Plautilla 의 시종 및 교육자로 삼았다. 198년에 이 여인은 세베루스 황제의 아들이자 아우구스투스 Augustus(황제를 일컫는 호칭) 직을 받아서 황태자의 기능을 하던 카라칼라 Caracalla 와 결혼을 하였다. 즉 플라우티아누스는 황제와 사돈지간이 된 것이고 211년에는 아버지의 대를 이어 황제가 된 카라칼라의 장인이었던 것이다.

그런데 그는 왜 그렇게 했던 것일까? 위 이야기를 전하는 디오 카시우스의 『로마사』 75권의 14~15장에는 직접적인 설명은 없는데, 구욧이 정황적으로 해석을 시도하는 데에서 이해의 단서를 찾을 만하다. 구욧은 주장하기를 "로마사에서 최초로 지체 높은 가문의 사람이 황실 가문에 버금가기 위해 격을 높여서 의도적으로 개인에 대한 봉사를 위해 환관을 사용한 사례"라고 하는 것이다. 아주 많은 남자를 거세한 것, 그리고 이 인력을 단지 장차 제국의 황비가 될 여인의 지체를 높이기 위해 시종이나 교육자로 사용한 것은 자신의 가문 역시 황실 못지않게 특수한 봉사 인력인 환관들을 부리고 있음을 보여주기 위한 것으로 볼 수 있다. 즉 신분 상승의 욕망이나 지체 높은 가문의 위상을 위해 환관이 중시된 사례로 해석할 수 있다.

환관에 관한 것은 아니지만 알아두면 상식으로 중요한 내용을 여기서 언급하자면, 이 카라칼라는 로마사에서 몇 가지 독특한 정책으로 주목받는다. 그는 전체 로마제국에 거하는 자들을 위해 로마 시민권을 부여한 통치자였다. 또한 지금도 그 뛰어난 설비로 주목받는 대형 목욕탕을 건축하였다. 이에 한 가지 이목을 끄는 것은 그가 대체로 허영심이 많은 호사가였다는 점이다. 마치 고대 그리스 세계의 정복의 대명사인 알렉산드로스Alexandros the Great(알렉산더 대왕, 기원전 356~기원전 323년)처럼 인식되기 위해 그러한 이미지 주입을 위해 노력했다고 한다. 하지만 그는 실제로는 문제적 인간으로 그의 동생 게타Geta를 죽이고 권력을 잡은 가족 살해범이며 수많은 장교 및 반대 세력을 피로 숙청한 인물이었다.

카라칼라 이후에도 대체로 로마 황궁에서 환관의 활동은 줄어들지 않고 경우에 따라 무리를 이루어서 영향력을 행사하는 면모를 보이기도 했다. 통치에 있어 많은 문제를 일으킨 카라칼라의 실각 이후 1년의 공백을 메우고 새로이 등극한 비유럽계 엘라가발루스(재위 218~222년)는 시리아로부터 이동해서 로마로 들어와 황제에 올랐다.

그는 당시 어린 나이여서 주변에 조모 율리아 마에사Julia Maesa, 모친 율리아 소에미아Julia Soemia의 후견을 받았다. 로마 역사에서는 드물게 여인들의 정치적 개입이 이뤄졌는데 3세기 초엽 어린 지배자 주변에 이질적 혈통을 지니는 자들로서 여자 가족 성원들이 정사政事에 개입하는 희한한 사태가 벌어졌다. 이런 속에서 어린 지배자 엘라가발루스가 황궁 환관들로부터 영향을 강하게 받는다고 로마 제정기 후기 사료인 『황제열전Historia Augusta』은 전한다.

로마의 사료들은 대체로 보수적인 지식인들이 저술하는 경향이 있다. 그런즉 외국계에 대한 이미지나 평가는 호의적으로 서술되기가 아주 어렵다. 대략 사료가 지니는 편파성은 고려하여야 하겠으나 당시 환관의 영향이 있었다는 것은 수용할 만하다.

환관제도의 원산지에서 온 황제이기에, 그리고 주변에 환관을 기꺼이 부리는 할머니, 어머니들이 정사에 개입해야 하는 그의 어린 나이 등을 고려해보면 환관들이 황제 주변에 얼쩡거리며 행세하는 것이 관직자들이나 로마에 대한 자부심을 지니는 전통 귀족들은 당연히 불쾌했을 것이다. 특히 엘라가발루스는 그가 원래 믿던 근동의 종교인 태양신을 숭배하는 종교를 로마에 가져와서 그대로 신당을 짓고 숭배하였다. 그로 인해 황궁에서 이질적 종교 요소가 영향을 행사한 것도 문제시되었고, 특히 사료를 믿는다면 그가 정사에 도무지 관심이 없었고 이러한 종교의 숭배에 더욱 집착하여 통치가 제대로 이뤄지지 않았을 것을 상상할 수 있을 것이다.

그리하여 그의 뒤를 이어 황위에 오른 세베루스 알렉산드로스Severus Alexandros(재위 222~235년)는 전임 황제의 잔재를 없애서 로마 본연의 문화와 분위기를 회복하는 데 주력하였다. 그 일환으로 당연히 환관들의 세력을 최소화하였고 에메사Emesa 태양신 숭배를 철폐하였다. 『황제열전』 18권 23장 및 24장에 근거하면 세베루스가 환관 한 명을 처형하였고 나머지는 그의 친한 관직자에게 선물로 주었다고 한다.

하지만 궁내에서 환관이 완전히 없어진 것은 아니었다. 이후 어린 황제인 고르디아누스 3세Gordianus(재위 238~244년)의 치세에 다시 환관들이 황제 주변에서 아첨을 하면서 집단적으로 볼썽사나운 행태를 보이는 것이 문헌에서 지적되고 있다. 어린 황제를 보필하느라 그의 모친이 정치적 입김을 행사하였고 사사로이 친분이 있는 인물들과 환관들을 중용하여 정치적 모양이 대체로 보기 좋지 않은 점들이 사료에서 지적되고 있다.

고르디아누스 3세의 부인인 푸리아 사비니아 트란퀼리나Furia Sabina
Tranquillina는 프라이펙투스praefectus직을 지닌 고위 관직자의 딸이었다. 아
버지의 이름은 가이우스 푸리우스 사비니우스 티메시테우스Gaius Furius
Sabinius Timesitheus로 강직하고도 보수적 성향의 인물이었다. 황제인 사위
와 관직자인 그의 장인이 교환한 편지 내용을 보면 당시 환관들이 황제
주변에서 영향력을 행사한 정황과 이에 대해 관직자로서 불편한 감정이
있었음을 알 수 있다.

"황제이자 아우구스투스이신 나의 아들에게. 프라이펙투스 직분자이자
장인이 되는 티메시테우스가 (편지를) 보냅니다. 음흉한 함정에서maculam
우리는 막 벗어났습니다. 제가 의미하는 함정이란 당신의 친구인 척하
는 자들과 환관들에 대한 것이지요. 이들은 돈을 목적으로 모든 일들을
꾸미는 자들이지요. 이 편지는 당신에게 도움이 되도록 하기 위함입니
다. 그 어떠한 결함이 있다면 내 사랑하는 아들이시여! 이는 당신의 것
이 아닙니다. 다음과 같은 이유들을 잘 들어보시오. 군대 내에서 환관으
로 지명되기 위해 뇌물 수수가 있었다면 누구도 견뎌내지 못할 일입니
다. 이는 마찬가지로 정당한 대가가 노동에 대해 지불이 되지 않는다면
그러하고요, 협잡이나 뇌물로써 죽어야 할 자가 목 베임을 당하지 않거
나 석방된다면 또한 그렇고요, 국고의 돈이 유출된다면 당연히 그러하
지요. 또한 당신 주변의 사람들이 교활하게 움직여서 반역 행위가 더욱
선동된다면 그대는 결국 함정에 빠지게 될 것입니다. 그러한 자들 가운
데 이미 풀려난 모든 사악한 자들이 옳은 것에 대해 당신에게 충고를 하
게 되면 선이라는 것은 날아가 버리고 사악함이 들어오게 될 것이라서

결국 당신의 모든 비밀은 그 대가로 팔리게 되는 것이지요….”

(『황제열전』,「고르디아누스 3세전」 20권 24장 2-4절)

이후 황제 고르디아누스는 장인의 편지에 대해 이렇게 답하였다.

“황제 고르디아누스로부터 (그의) 장인이자 프라이펙투스 직의 티메시테
우스에게.

로마제국을 보살피는 위대한 신들이 없었다면 우리는 지금 해머에 두들
겨 맞는 느낌으로 상품에 불과하였던 환관들에 의해 팔리는 처지가 되
었을 것입니다. 이제 결국 나는 펠리키오 Felicio 가 황궁 경비 지휘관이
되어서는 안 됨을 알게 되었고 세라팜몬 Serapammon 이라는 자에게 제4 군
단을 맡겨서는 안 됨도 알게 되었습니다. 사실 더 이상의 사례를 언급할
수 있으나 생략하겠습니다. 나는 내가 시도한 것에 비해 많은 일을 해낸
것은 아닙니다. 이제 신들에게 감사할 따름입니다. 저는 부패하지 않은
심성의 당신으로부터 내 힘으로는 알 수 없는 것을 배웠습니다. 이제 내
가 무엇을 하리요? 심지어 나의 모친은 우리를 속이기도 했고요. 그녀
는 가우디아누스 Gaudianus, 레베렌두스 Reverendus, 몬타누스 Montanus 등
과 늘 의논을 하곤 했지요. 그리고는 사람들을 칭찬하고 그들을 중용하
였고요. 목격자의 증언이라도 만들려는 듯이 그들의 증언(유증)에 의해
그녀는 자신이 한 말을 입증하려고 했습니다. 나의 아버지시여! 나는 진
정한 것을 듣기를 원합니다. 이 황제는 진실을 말하지 않는 현실 속에서
매우 가련한 자이지요. 왜냐하면 그는 직접 걸어 나가서 사람들 가운데
에서 들어야 하며 그가 들은 바를 믿거나 많은 이들이 꾸며대는 일들에
대해 신뢰하기 때문이지요.”

(『황제열전』,「고르디아누스 3세전」 20권 25장 1-3절)

이 두 편지 사이에는 어느 정도 시간적 간격이 있었다고 보아야 한다. 먼저 장인인 티메시테우스가 경고의 편지를 보낸 것이다. 이어서 이 말을 듣고 아마도 고르디아누스 황제는 주변의 사람들을 면밀히 관찰했을 것이며, 보낸 편지의 경고에 수긍함으로써 감사의 답신을 보낸 것이다.

서기 3세기 중엽에 여전히 환관은 궁에서 주도적인 정치적 힘을 과시하지는 않았다고 해도 황제 주변에서 총애를 받거나 간접적으로라도 정치적 영향력을 행사할 여지는 있었던 것으로 보인다. 환관보다는 정치적으로 실제적인 권력을 행사할 수 있는 관직자들이 환관과 더불어 귀가 엷은 황제에게 접근할 수 있고 여러 가지 원하는 바를 요구하거나 부탁할 수는 있었을 것으로 보인다. 이러한 권력 주변에 머무는 환관의 폐해는 중국에서만이 아니라 로마에서도 있었던 것이며, 이는 장차 4세기에 환관이 무시 못할 실제적 정치 권력을 행사하는 주역으로 성장하게 만드는 복선으로 보인다.

고대말 로마의 환관

이제 환관이 특정한 관직을 부여받아서 점점 정치의 중심 무대로 나아가게 된 시대의 이야기를 해보자. 환관에게 직위가 부여된 것은 제정기 초기부터이긴 했으나 이것은 어디까지나 궁에서 미천한 직분을 받아서 노예와 별반 다를 바 없이 활동을 했기에 군이 관직자를 의미하는 행정적이거나 관료적 직위로 보기엔 부적절하였다. 그러나 4세기가 되면 상황은 달라진다. 이를 알아보기 위해서 역사의 변천과 시대의 요구가 무엇이었는지를 먼저 짚고 가야 한다.

3세기 로마 황궁의 정황

앞서 고르디아누스 3세가 통치한 238~244년 로마 정치 및 환관 활동상에 대해 편지의 내용을 가지고 간접적으로 살펴본 바 있다. 그의 장인이자 고위 관료이던 티메시테우스는 당시 황제 주변에서 환관들이 난무하면서 정사에 부작용을 끼치고 있음을 협잡, 뇌물수수 등으로 표현하고 있다.

나이가 어린 황제의 치세에는 동서고금을 막론하고 이와 유사한 현상들이 흔히 발생하곤 했다. 중국의 사례를 보면 후한시대에 서기 88년 화제和帝(재위88~105년)의 치세부터 후한의 멸망 시점인 서기 220년까지 무려 132년 동안 지속적으로 10대 중반 이하의 어린 황제들이 등극하였다. 이러한 불안정한 통치 상황에서 유약한 황제들이 믿고 의지하였던 환관의 실제적인 정치적 영향력은 고조될 수밖에 없었던 것이다. 그래서 궁극적으로 환관들이 황제보다 더 효력 있는 실제적 권세를 누리는 환관 정치가 되어버렸고, 이러한 불상사가 후한의 멸망을 초래하게 된 것이다.

물론 로마사는 정치 구조 및 권력의 역학이 본질적으로 중국의 경우와 확연히 다르기 때문에 지속적인 환관의 정치적 세력 구축이 성립되기에는 부적절한 면이 있다. 국정의 운영에 있어 유력한 가문이나 특정 개인에게 힘을 실어주는 방식을 무척 싫어했던 로마 민족은 전통적으로 다수가 협의해서 통치하는 것을 선호했다. 또 지배자 개인에 대한 지나친 존중이나 절대적 권위가 환영받지 못하는 사회이기도 했다. 이로 인해 환관이 황제의 지나친 신임을 받기는 하지만 이것이 환관의 정치유착으로 뿌리 깊게 파고들기엔 역부족이었다. 다시 말하면 구조적으로 환관이 황궁에서의 실권을 체계적으로 뿌리 내릴 정도로 파고들 여지가 부족했던 것이다.

가령 황가의 여인들이나 황제에게 매우 우호적이거나, 아니면 반대로 적대적인 세력들과 결탁해서 이해타산적으로 환관의 정치권력이 정착되기가 어려운 로마의 궁정 구조였다는 이야기이다. 중국의 경우 황제의 외척 세력, 친가 세력, 본연의 관직자들 등이 복잡 미묘하게 자신들의 정치권력을 위해 야합하고 타협하고 권모술수를 부릴 수 있는 정치 환경이 오랜 세월을 걸쳐 구축된 데 비해 로마는 그러한 성격의 환경적 구조가 환관 정치로 나아갈 정도로 형성될 수 없는 조건이었던 것이다.

다시 3세기 로마 상황으로 돌아가보자. 결론적으로 고르디아누스 치세에 어느 정도 두드러지는 듯이 보이는 과도한 환관들의 궁내에서의 본연을 벗어난 양태는 더 지속되지 않았고 이후 로마 정치계에서는 권력화 하는 환관을 경계하는 움직임이 강화되었다. 이에 따라 환관들이 온전히 철폐되지는 않았지만 정치적으로 크게 문제시되지 않는 정도로 유지된 것으로 보인다.

여기에 환관 세력의 정치적 성장 및 발전에 구조적 한계가 있을 수밖에 없었던 역사적 상황 한 가지를 유념해 두어야 한다. 서기 3세기가 전반적으로 정치적으로 심각한 수준의 혼란 상태였다는 사실이다. 로마사에서 별도로 그 시기를 '군인황제시대'라고 할 정도로 235~284년 사이의 반세기는 로마 통치자가 셀 수 없이 등장하는 때였다.

군인 출신들이 군사 반란을 통해 부단하게 정치 권력을 찬탈하기가 부지기수였다. 이 시기에 무려 26인의 황제가 있었으니 대략 2년도 안 되어 통치자가 쫓겨나거나 제거된 것이다. 그야말로 극단적인 '쿠데타의 시대' 였던 것이다.

이러한 현상은 큰 틀에서 보면 어느 정도는 불가피한 일이었다. 흔히 우리가 5현제 시대라고 일컫는 네르바Nerva(재위 96~98년) 황제부터 철인황제 마르쿠스 아우렐리우스Marcus Aurelius(재위 160~180년)까지는 로마사에서 대표적으로 지속적인 평온과 번영을 누린 황금기라고 정의한다. 이 전성기를 지나 아우렐리우스의 아들 콤모두스Commodus(재위 180~192년)부터 침강하는 시기가 시작되었다. 그리고 235년 최고로 혼란한 시기인 군인들의 권력 쟁탈전이 시작될 때까지 혼란의 길로 들어서는 조짐이 보였다고 할 것이다.

이런 맥락에서 볼 때 고르디아누스 3세 이후 정신없이 지배자가 바뀌는 혼란 속에서 환관들이 집단적이고 조직적으로 자기들의 세력을 구축할 가능성이 미미해졌다고 보아야 한다. 그저 로마 궁에서는 살아 남기 위한 투쟁이 벌어지고 있었고 어제의 동지는 오늘의 적이 되는 지극히 알수 없는 안개 정국이었다고 할 것이다. 이런 장기적인 정치적 카오스를 극복하고 새 시대의 청사진을 제시한 자는 284년 군대의 강한 지지를 받고 황제에 등극한 디오클레티아누스Diocletianus(재위 284~305년)였다.

로마제국에서 다소 변방이라고 할 판노니아 출신(구 유고슬라비아 지역)인 이 지배자는 로마제국을 효과적으로 통치하기 위해 거대한 영토를 동서 남북으로 4등분하여 네 명의 치자가 나누어 다스리는 새로운 정책을 도입하였다. 이것이 우리에게 익히 알려진 4인 황제 지배 체제tetrarchy 라는 통치 방법이다.

정황제로 두 명 그리고 그들에게 부속된 등급이 낮은 부황제를 두 명 두었으며, 각기 아우구스투스, 카이사르라 불렸다. 그의 치세로 제국은 점점 혼란에서 안정을 찾아갔고 로마는 이전의 모습으로 돌아가는 듯했다. 그러나 정치적 투쟁이 온전히 제거된 것은 아니었다. 디오클레티아누스가 권력을 양위abdication, 라틴어로 abdico하고 물러나긴 했으나 이후 로마 제국의 지배자들은 결국 서로 간에 최후의 승자를 가리려는 투쟁을 그치지

로마 환관_권력과 욕망의 이중주

않았다. 그래서 이 길고 험난한 권력 투쟁에서 승자가 된 콘스탄티누스(재위 305~337년)는 종국에 로마제국을 손에 쥔 1인 지배자autocrat가 되었다.

관료주의 체제의 공고화

관료주의官僚主義, bereaucratism는 주로 서양의 역사적 산물로 인식되는 경향이 있다. 이는 우리 기억에 근대가 발전하면서 모든 것이 합리적으로 처리되는 서양 사회를 더욱 발전시킨 관료들이 주체가 되어 역할 분담을 잘 해서 효용성 있게 조직, 국가 등을 경영했다는 것이다. 20세기 초를 대표하는 사회경제학자인 독일의 막스 베버Max Weber는 이러한 관료주의의 효율과 가치를 프로이센의 뛰어난 리더십에서 찾으면서 근대화 과정에 관료제가 큰 견인차 역할을 했다고 강조한 바 있다. 유럽의 역사에서 17세기 이래 절대왕정을 지탱하는 원리로써 관료주의가 성장케 됨을 볼 수 있다. 즉 국왕은 직능별로 전문성을 갖춘 관료들의 도움으로 부국강병의 길을 개척해 간 것이다.

근대적 의미의 관료주의에 선행한 관료제에 의해 기능한 사회들을 고려할 수 있다. 이미 세계사에서 중국이나 로마가 2,000년도 더 이전에 인구 7,000만이 넘는 대영토와 인구를 지닌 초국가적 체제를 각기 구축하였다. 한 명의 황제가 1억에 육박하는 신민들을 자신의 지혜와 카리스마로 다스릴 수 없는 법이다. 그에게는 다양 다종한 영역에서 정치, 경제, 사회, 문화, 군사, 기술, 외교 등에 전문적 역량을 갖춘 인재가 필요한 것이다. 그래서 고대 중국에서도 대규모의 제국을 지탱해줄 유능한 인재들로 정부 및 지방 행정을 구성했다. 3공 9경三公九卿을 국가의 최고 관리로 정하고 그 아래에 실무를 담당할 관리들을 무수히 기용하여 국가 체제를 건사했다. 널리 알려진 바대로 국가의 일을 맡길 적임자를 선발하기 위해 이미 한나라前漢(기원전 206~8년) 시대에 과거 제도를 통해 전국에서 유능한 관리 요원을 뽑은 것이다. 비슷한 시기에 지중해 최강대국인 로마에서도 고도의 관료주의적 발전을 보였다. 특히 아우구스투스가 오랜 내전을 종식시키고 전체 로마를 1인 지배하에 넣은 이후 우여곡절을 거친 끝에 5현제 시대(98~180년)의 번영을 구가하면서 로마제국의 견고한 내실이 다져졌다. 하지만 이후 혼란과 정치적 격변을 거치면서 로마 국가의 실제적 운영은 공화주의적 경영이 시대에 맞지 않는 상황이 되어버렸다. 서기 3세기 유별난 혼란의 시대인 군인 황제시대(235~284년)를 거친 후 디오클레티아누스 재위시절부터 다시 안정을 찾았다. 그 시점부터 로마는 확연히 탈바꿈한 사회 체제를 갖추게 되었다.

시대적 필요라고 할까 아니면 군주 통치권의 견고한 강화라고 할까 이전과는 매우 다른 분위기가 조성된 것이다. 고대말(284년~6세기) 로마에서 변화를 불러 일으킨 주된 요인으로 동방적 궁 문화의 영향 및 전제주의적 통치의 필요성을 설명하고자 한다.

변화된 궁에서의 면모는 다시 말하자면 환관을 중용하는 서기 4세기적 상황과 맥을 같이한다. 군주로서 황제는 대제국을 잘 다스려야 하나 일반적으로 신민들과 거리감이 있는 궁에 고립된 존재인지라 어떠한 상황이 자기의 통치권統治圈에서 벌어지는지 제대로 모르는 편이었다. 그래서 그는 공식적인 관직자들과의 회의를 통해 일을 벌이는 것보다는 신임할 수 있는 측근 혹은 늘 옆에서 모든 일에 도움을 주는 환관들과의 내밀한 소통을 통해 그가 원하는 방식으로 정책적이거나 사사로운 일들을 처리하고자 한 것이다.

그래서 고대말 로마 황제의 통치 방식은 이전과 성격이 달라지게 된 것이다. 이를 흔히 동방적 외양을 모방하거나 참고한 전제주의적 지배로 로

로마 환관_권력과 욕망의 이중주

마의 통치가 변모했다고 학계에서는 주장하는 편이다. 전제주의는 영어로 despotism이라고 한다. 이는 오늘날 우리에게는 불편하고 부정적인 의미로 와 닿는다. 소통이 전혀 되지 않는 자가 일방적으로 독재 정치를 편다는 느낌으로 이 개념을 주로 이해하는 것이 오늘의 실정이다. 그러나 우리는 환관을 다루는 이 글에서 그 뉘앙스를 좀 정확히 조정할 필요가 있다.

로마인들이 너무도 혐오하는 1인 지배를 다시 필요로 하게끔 된 로마 의 역사를 볼 때, 아우구스투스는 그러한 이미지를 없애려고 무던히도 애 를 썼다. 즉 스스로를 프린켑스^{princeps} 라고 불렀다. 라틴어로 '가장 먼저' 라는 의미를 지니는데 맥락상 '제1 시민'이라는 것이다. 즉 스스로가 군림 하는 자가 아니라 '동등자 중 최고^{primus inter pares}' 정도로 당대 로마인들 이 자기를 이해해주기를 기대한 것이다. 그러나 이는 오늘날 우리의 입장 에서 객관적으로 분석하면 황제를 우회적으로 표현한 것에 불과하다. 그 가 독재는 하지 않았으나 엄연히 1인 지배자였고 권력은 공화정의 논리와 는 다르게 그의 집안 후손에게 세습된 것이니 이것이 바로 왕조^{dynasty} 이 다. 그러나 로마 국가는 제국이니 우리는 황조라고 부르는 것이다.

그런데 그 이후 180~284년까지 100년 넘는 로마의 정치적 문제 상황 혹은 혼란을 거치면서 다시 군주의 지배권이 철저히 공고해야 함을 깨달 은 로마인들은 주변의 왕국들의 통치권과 정치의 실제를 참고하게 된다. 페르시아를 보면 로마 못지않은 큰 영토를 지니면서 지중해 지역에서 엄 청난 세력을 형성했다. 그들의 군주는 매우 화려하고 근엄한 의전에 의해 숭배 받는 절대적 통치자의 모습을 지녔던 것이다.

이들보다 더 군사력이나 국력이 강했던 로마의 주군은 그저 형식적으 로 치자의 대접을 받을 뿐 절대적 이미지는 별로 보이지 않았다. 황제 못 지않게 로마 사회에서 존경받았던 주요 원로원 의원들과 함께 국사를 상의해야 했던 황제가 과하게 스포트라이트를 받을 이유는 없었기 때문이다. 즉 로마의 지배자들은 일반적으로 그가 통치하는 영토, 인구, 자원 등에 비해 그다지 강한 통치상의 특권을 누린다고 비쳐지지는 않은 것이다. 그런즉 통치자의 권위를 세우고 국가를 그러한 카리스마 있는 지도력 아래에 효과적으로 통섭하기 위해서는 동방적인 권위와 위엄을 갖춘 궁의 관습을 제도화해야 할 필요를 느낀 것이다.

이러한 변화의 모색에 직접적 계기가 된 것은 297년 디오클레티아누스의 부황제이던 갈레리우스 Galerius 가 페르시아를 공격하여 궁을 약탈한 사건에 있다고 볼 수 있다. 당시 화려한 페르시아 궁정의 모습이 그 전형적의례와 수많은 궁실 요원들을 통해 확인된 것이다. 이것은 로마인의 눈에 매우 충격적이고 신선한 자극이 되었을 것이다. 로마인들은 자신들도 그러한 품격있고 위엄을 갖춘 궁의 제도를 갖추어야겠다는 희망을 이제는 실천에 옮긴 것이다.

관료 체제의 실례

고대말 로마를 전공하는 학자들은 오래전부터 이 시대의 관료주의의 내용을 검토하였다. 한 가지 대표적인 연구는 1989년 고대말을 전문적으로 연구하는 독일 역사가 알렉산더 데만트의 『고대말 Die Spätantke』이다. 그는 당시의 복잡하고 정교한 로마제국의 정부 및 행정 체제를 그림 4와 같이 정리하였다.

이 도표를 보면 로마사가 데만트가 고대말 로마 행정 체제를 두 영역으로 정하고 설명하고 있음을 알 수 있다. 여기서 우측의 황궁 행정을 주시해보면 당시 환관들의 변모된 위상을 볼 수 있다. 데만트의 원래 도표에서 선임 환관의 표기는 praepositus sacri cublculi라고 기록되어 있다. 이

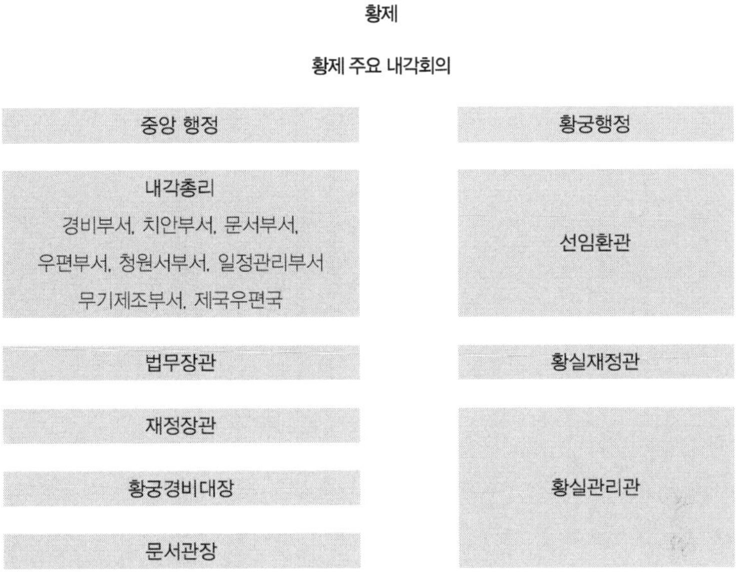

황제

황제 주요 내각회의

중앙 행정	황궁행정
내각총리 경비부서, 치안부서, 문서부서, 우편부서, 청원서부서, 일정관리부서 무기제조부서, 제국우편국	선임환관
법무장관	황실재정관
재정장관	황실관리관
황궁경비대장	
문서관장	

그림 4 고대말 로마 정부의 구조(Alexander Demandt (2007), *Die Spätantike*, Berlin)

말의 의미는 이러하다.

라틴어로 첫 단어는 '장, 대표, 책임자'를 뜻한다. '가장 앞에 위치해 있는 자'라는 의미이니 말이다. 그리고 이어지는 sacri는 형용사로 '거룩한'이라는 말이다. 맥락상 '거룩한 자'라는 뜻이 된다. 국가에서 제일 지체 높은 인물은 지배자에 해당하는 황제이다. 즉 황제를 비유하는 형용사이다. 그러면 쿠비쿨리cubiculi 는 쿠비쿨룸cubiculum 이라는 명사, 즉 방이나 공간을 의미하는 말의 2격(소유격)이 된다. 이 세 단어를 풀어서 설명하면 '황제의 궁을 책임지는 자'라는 의미가 된다. 우리나라에서는 이 말을 '환관장'이라고 주로 번역을 했는데 이 글에서는 신임환관이라는 표현을 쓰도록 하겠다. 이미 본서의 필자는 학술논문에서 선임환관이라는 번역어를 여러 차례 사용하였다.

그러면 이 환관의 대표격인 자는 무엇을 할까? 황제가 거하는 궁에서 일하는 모든 환관들을 통솔하는 것이다. 주로 환관들은 노예와 같은 처지에서 황실의 잡일을 했는데 이들을 관리·통제하면서 황제의 황실이 평온하게 유지되도록 편의와 유익을 도모했다고 볼 수 있다. 그런즉 선임환관 역시 이 관직을 받게 될 때에 원래는 이러한 환관 본연의 그다지 정치적이지 않는 일을 위해 기용되었다고 보아야 한다. 그러나 역사의 전개 속에서 측근 정치를 선호한 황제의 개인적 의도와 계획에 의해 그의 일은 그 본연의 영역을 넘어갔을 것으로 추정된다. 그리고 이 자리에 원래 환관 출신, 즉 거세된 자들을 주로 활용한 것도 아니었다. 헬가 숄텐Helga Scholten 이라는 독일의 연구자가 통계를 도출한 바에 의하면, 대략 절반 정도가 확실히 환관 출신으로 확인이 된다고 한다. 그러나 세월이 흐르면서 대체로 이 직무를 환관들이 주로 장악하게 되었다.

다시 전체 도표를 보면서 생각해보자. 매우 체계적으로 직무별로 분업화된 관료주의 체제에서 황제는 정상적으로 국사를 처리하는 것이 지니는 효율성에 대해서 의문을 제기했을 것이다. 수많은 관료의 의견을 물어야 하는 것은 시간적으로 많은 정력을 소모하는 일이라고 할 것이다. 그리고 관직자들은 우리나라 조선의 역사에서도 보이듯이 늘 황제의 충실한 거수기가 되지는 않는다. 조선의 관료들은 여러 가지 정파로 나뉘어 자신들의 정치적 주장을 강변하였고 4색 당파의 불필요한 소모와 낭비를 서슴지 않았다. 그들은 주군을 마치 명목상의 지배자로 상정했던 것이고 당리당략에 치우친 면을 자주 노출했다. 로마의 경우도 마찬가지로 늘 권모술수와 권력에 대한 야심이 큰 자들은 황제를 견제하고 압박하기도 했다.

황제의 권력은 실제로는 사상누각과 같은 것이어서 존립의 불안을 느끼기도 했다. 그런즉 황제가 소신 있는 정치를 펴기 위해서는 그와 뜻을 같이 하는 자들을 주축으로 정사를 펴는 것이 편하고 유용한 일이었다. 그런즉 환관을 배경으로 두터운 지지층을 구축하여 정책을 도모하는 로마황제의 측근 정치가 고대말 로마에서 발전케 된 것이다. 라틴어로 황제의 측근을 가리키는 말은 프록시미 proximi 라고 불린다. 이 말은 '가까이에 있는 자'들이라는 의미이다. 이 용어가 거의 그대로 오늘날에도 영어에 남아서 proximity가 추상명사로 '근접', '근접한 곳'의 뜻을 지니는 것이다. 그런즉 앞으로 논의될 주요 로마 환관들에 대한 고찰을 위해 바로 이러한 고대말 로마 정치의 내적 구조 및 속성을 염두에 두어야 할 것이다.

로마 문헌에서 찾은 환관 이미지에 대한 묘사

우리가 본격적으로 다루게 될 서기 4세기, 5세기의 로마 환관들에 대해 당대의 문헌들도 자주 언급하고 있다. 이 문헌들은 주로 정치적 내용을 다루는 역사서들이다. 이 사료들은 곧잘 정치적 사건을 설명함에 있어 환관들이 관련된 정황을 드러내고 있다. 이제 몇 가지 당대의 대표적 문헌들에서 이들이 어떻게 받아들여지고 있는지 살펴보겠다.

[암미아누스]

암미아누스는 서기 4세기를 살다 간 로마의 역사 서술자이다. 그는 기독교인이 아니어서 편의상 현대의 역사가들은 이교도 역사가로 분류하고 있다. 그는 정치적으로 그의 시대의 대표적인 통치자였던 콘스탄티우스 2세에 대해 적대적이어서 이 황제에 대해 주로 부정적 의견으로 역사를 기록한다. 그런즉 그의 시대에 환관들이 준동한 데에 대해 매우 불편한 심기를 드러낸다고 할 것이다. 이 역사가의 정치사를 담은 사료 『로마사』에 이러한 대목이 있다.

"에우세비우스는 이미 성장한 아주 많은 환관을, 즉 그들이 겨우 기어 다닐 정도의 나이부터 독을 머금은 독사처럼 키웠다. 그래서 나중에 다른 사람들을 해칠 정도로 성숙하게 자랐을 때에 내보냈다. 그들은 소년 같은 음성과 아첨하는 모양으로 황제의 귀에 대고 무엇보다 저 용맹한 자의 명성에 불리한 말들을 퍼붓게 명령을 받은 것이다. 이들은 그 임무를 신속히 수행하였다."

(암미아누스,『로마사』18.4.4)

인용에 나오는 시기는 대략 357년이다. 당시 궁정의 실력자인 에우세비우스가 계략을 꾸미면서 그의 통솔 아래에 있는 궁중환관들에게 지시를 내리는 정황이 보인다. 한때 이 역사가의 군대 지휘관으로 동방지역 로마를 맡은 최고 사령관 우르시키누스Ursicinus를 모함하여 정치적으로 궁지에 내모는 역할을 바로 환관의 대장인 에우세비우스가 했다는 말이다. 이 묘사에서 관료이자 보수적인 로마인으로서 암미아누스는 원래 천한 출신인 환관에 대해 매우 노골적인 불쾌감과 적대감을 드러낸다. 환관을 독사로 묘사하고 있다. 그리고 황제에게 노골적으로 아첨하고 허위 정보를 제공하는 불순한 자들로 규정하는 것이다.

[리바니우스]

안티오키아 출신의 능력이 탁월한 문필가이다. 314~393년에 걸쳐 로마제국에 살았다. 그는 콘스탄티우스 2세에 이어 황제에 등극한 기독교가 아닌 종교를 숭상한 황제인 율리아누스와 절친한 관계에 있었다. 놀랍게도 64편의 연설문과 1,500여 편의 편지를 남겨 고대사 연구에 문화-정치사적인 기여를 한 지식인이다. 리바니우스 역시 환관의 미천한 출신 및 비선정치적秘線政治的 행위 등에 불만을 느껴 환관을 보는 시선이 곱지 않다.

"… 황궁에서 무수히도 많은 쓸모없는 인간들, 즉 환관들이 벌레 떼처럼 모여 있었고 연초에 이 환관들이 날파리보다 더 들끓었다.…"

(리바니우스,『연설록』18권 130장 5절)

그는 율리아누스가 권력에 등극할 당시 콘스탄티우스 2세의 궁이 어떤 상태에 처하였는지에 대해 기록하고 있다. 여기서 그가 묘사한 환관의 모습은 "무익한 인간들의 무리이며, 날벌레 이상으로 이들이 궁에서 우글거린다"고 한다. 즉 환관을 미천한 벌레와 같은 존재로 볼 정도로 정치에 환관이 개입하는 추태에 대해 불편함을 느끼는 표현이다. 나아가 이들의 모습 자체가 혐오스러움을 드러내는 것이어서 고대로부터 미천한 존재인 환관에 대한 고정관념이자 편견이 적나라하게 표출되었다고 볼 것이다. 마치 1968년 영화 〈내시〉에서 왕이 주변의 환관에게 이르기를 "내시도 성적인 감정이 있느냐"라고 멸시하듯 내뱉는 말을 연상시키는 대목이다. 이에 모멸감도 없고 분노도 없이 환관은 "우리도 그런 감정은 있습니다요"라고 키득키득하며 스스로 야비한 웃음을 지으며 응대하였다. 이는 한국인의 정서에도 기본적으로 환관의 존재 및 태생에 대한 깊은 차별 의식이 있음을 드러내는 것이다.

[조시무스]

조시무스는 대략 서기 500년을 전후로 활동한 역사 서술자이다. 대략 그 무렵 동로마 지역의 수도인 콘스탄티노폴리스에서 관직을 역임하기도 했다. 그의 주된 저술인 『새로운 역사 Historia Nova』는 아우구스두스 시대부터 서기 409년까지의 로마 역사를 다룬다. 그는 이 저술의 4권 28장 2절에 다음과 같은 기록을 남긴다.

"황궁에 복무하는 아주 많은 환관의 대부분이 아주 매력적으로 생긴 외모로 행정관들을 마음대로 모욕하고 모든 통치의 일을 장악하였으며 심지어 황제에게 영향을 끼쳐 마음대로 행세하였음을 내가 어떻게 묘사해야 할까? 비록 그러한 일들이 빚은 결과가 파멸적인 일의 원인이 되었음을 해설해야 하긴 하나 나는 이 역사의 기록을 계속 진행해갈 것이다."

테오도시우스 1세의 시기에 궁에 환관들이 지배적으로 군림한다고 묘사한다. 조시무스 주장의 골자는 이 환관들이 놀랍게도 관리의 인사에 개입하여 전 제국을 손아귀에 장악한 듯한 인상을 주는 것이다. 이 황제는 유명한 역사적 인물이었다. 그는 4세기초 콘스탄티누스가 공식적 종교로 인정해 준 기독교를 이제 국교로 만든 것이다. 로마제국 전역에서 기독교 신앙은 지지를 받았고 종교로서 절대적 위상을 지니게 된 것이다.

이제 이와 같은 서기 4세기에 변화된 로마제국에서의 전반적인 양상을 배경으로 미리 인식하고 본격적으로 그 시대를 풍미한, 단순히 본업에 충실한 정도에 만족하지 않은 특별한 활동과 계략에 관여한 궁내 환관들을 살펴보도록 하겠다. 정치적 힘을 과시한 환관, 황제의 총애를 받은 환관, 그리고 심지어 구축된 세력을 가지고 정치계를 떠들썩하게 하여 국가 전체를 요동시킨 환관들이 로마시대에 간혹 등장한 것임을 곧 보게 될 것이다.

제 3 장

4~5세기 정치적 환관들

4~5세기 정치적 환관들

선임환관직 도입

디오클레티아누스 이래 개혁을 단행한 로마 사회에서 우선적으로 황제의 권위가 확연히 서는 방향으로 정책이 추진되었다. 그러한 과정에서 관료주의적 체제는 견고해지고, 황제는 모든 권력 위에 군림하는 최고 권력자가 된 것이다. 이것을 가시적으로 보여주는 것이 궁에서의 화려하고 근엄한 의례였다.

로마의 궁은 다른 지역의 왕실에 비해 고전적인 화려함이 덜한 것이 주된 특징이었다. 그래서 황제 본인도 대체로 의복 착용 시 상의 정도만 격조있게 차려 입는 정도였고 나머지는 그다지 위용을 갖추지 않았다고 전한다. 그런데 동방의 궁을 참고해서 제국의 외양을 권위 있게 만들고자 한 4세기에 이르는 시점의 로마인들은 로마 황실을 겉모습부터 바꾸어 나간 것이다. 이러한 변화상은 콘스탄티누스 이래 지배자의 후원과 지지를 받게 된 기독교의 발전과 발맞추어 나갔다.

화려해진 궁에서 기독교의 예배가 이루어지면서 황궁의 권위는 신의

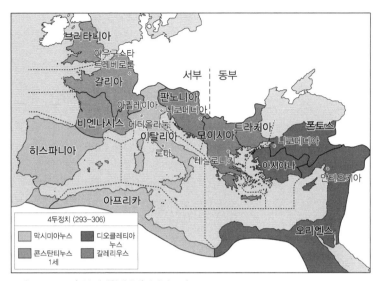

그림 5 Tetrarchy(4인 지배황제체제)에서의 로마

권위를 대변하는 듯한 효과를 내게 된 것이다. 이제 로마제국 황제는 정치와 종교, 즉 제정祭政(제사와 정치)을 모두 주관하는 신의 대리자로서의 면모를 지니고자 하는 데 이르게 되었다. 이로써 소위 로마 황실의 격상(혹은 고도화, Überhöhung)을 위한 기치가 높이 오른 것이다.

그렇다면 선임환관praepostus sacri cubiculi 직분은 어떻게 나오게 된 것인가? 이미 언급한 대로 로마 제정기 초기부터 황궁에서 환관이 일을 했던지라 이들에게 미미하나마 붙여준 직무명은 있었다. 황실의 의복을 관리하는 자에게는 '압 오르나멘티스ab ornamentis'라는 명칭을 주었다. 그리고 이보다는 좀 광범위한 의미를 담는 단어도 있다. '아 쿠비쿨로a cubiculo'는 방에서부터 나온 자라는 의미이다. 즉 황궁 소속의 사람, 즉 나인那人 이라는 조선시대의 내관을 일컫는 말과 매우 유사한 개념어이다.

그 의미는 궁에서 일하는 자들이다. 이와 유사한 개념으로 궁인이라는 명칭도 있었다. 하지만 이것은 무슨 뚜렷한 행정적 임무를 명시하는 말은 아니다. 그래서 대체로 존재감이 없는 채 궁에 소속된 자라는 뜻이고 환관들이 주로 담당했을 것으로 간주된다. 그런데 4세기에는 위에 언급된 '선임환관PSC'이라는 관직이 제정되었다. 학자들의 많은 연구에 의해서 대체로 문헌에서 그러한 자들이 콘스탄티누스 치세부터 보여서 이 시기를 시작점으로 보는 경향이 지배적이다. 이 직분자는 이 글에서 이미 한 번 도표로 살펴본 것과 같이 궁에서 일하는 모든 환관들을 통솔했다.

이러한 기능을 이해하기 위해 한국사에서 유사한 경우를 연상해보면 영화 〈내시〉를 다시 언급할 만하다. 이 영화에서 궁내 환관(다른 말로 내시)들을 통솔하는 자를 '금부도사禁府都事'라고 부른다. 그는 늘 긴장한 모습으로 대검을 차고 내시들을 감시하는 역을 맡는다. 여기에 궁의 모든 궁녀들을 통솔하는 제법 나이가 든 완고한 캐릭터의 직분자를 '기미상궁旣味尙宮'이라고 불리는 여인이 맡는 것을 볼 수 있다. 궁은 아주 많은 다양한 부서의 임무를 맡는 자들이 혼합되어 있다. 그렇기 때문에 신체적으로 일단 구별되는 환관들을 전체적으로 맡아 관리할 자가 필요하다. 그래서 대체로 환관들 중에서 황제가 신임할 정도로 경륜이 있는 자를 대표로 세워 선임환관으로 삼았을 것으로 볼 수 있다.

이 선임환관직은 위에 언급한 고도로 발전한 관료체제에서 황제의 권위를 세우는 데 일조하는 임무를 맡은 자인 것이다. 우선은 기독교에 관련된 의전을 집행하는 데 교회 관련 성직자들이 중용되어야 했고, 다른 한편으로 황궁 내에서의 안전과 편의를 위해 황제와 황제 가족들을 잘 보필하기 위해 환관들이 활동해야 했는데, 이들을 총괄하는 선임환관은 중시되는 자리라고 보아야 한다. 여기서 4~5세기에 존재감을 드러낸 선임환관들의 구체적 면모를 보기 위해 우선 그들의 출신 성분에 관한 조사연구를 살펴보겠다.

고대말 로마 환관들의 출신(자료출처: Scholten, p.29 도표)

인명	출생지	출신 신분	출처
Eutherius (에우테리우스)	아르메니아	자유민 태생	암미아누스, 16. 7. 4.
Eutropius (에우트로피우스)	아르메니아	노예	클라우디아누스, 『에우트로피우스를 고발한다』, 1. 45. 58.
Mamas(마마스)	아르메니아	상류민/중류시민	테오파네스, 240.
Antiochus (안티오쿠스)	페르시아	노예	테오파네스, 125.
Heliodorus (헬리오도루스)	안티오키아	거세되지 않은 비천한 태생	암미아누스, 29. 1. 5.
Eusebius (에우세비우스)	?	노예	리바니우스, 『연설문』, 18. 152.

숄텐에 의하면 모집단에서 이 관직을 대체로 절반 정도는 환관들이 맡았다고 파악된다. 그리고 로마제국 자체는 오랫동안 로마 영토 내에서 거세가 법적으로 금지되었기에 외국으로부터 거세된 자들을 수입해서 황궁이나 유력한 집안에서 하인으로 부렸다고 한다.

이제 4~5세기에 눈에 띄는 정치적 작용을 한 로마의 주요 선임환관들을 살펴보겠다.

에우세비우스

아리우스주의 신자 그리고 강한 영향력

환관 전문 연구자 숄텐에 의하면 에우세비우스(337~361년 선임환관직 역임)는 어린 나이에 로마 황궁에 들어갔을 것으로 추정된다. 문헌에서 그의 출신은 확인이 되지 않는다. 그를 소개하는 문헌의 내용 중 먼저 이목을 끄는 것이 그의 신앙에 대한 것이다. 이를 통해 그가 궁에서 서서히 존재감을 과시하였기 때문에 이 부분이 중요하다.

그는 당시 아리우스 계열의 기독교를 신봉하던 자였다. 원래 서기 4세기에 로마 세계에 기독교가 자리 잡고 황궁 지배자 및 사람들을 통해 지지를 받았는데 당시 신학적으로 신의 존재에 대한 논쟁이 심각했다. '신은 어떻게 존재하는가'라는 점에서 출발하여 '그에게 신성, 인성이 어떻게 존재하는가'라는 점 등 많은 궁금한 사항이 논의된 것이다. 이러한 신랄한 학술적 쟁론은 니카이아 종교회의에서 일단락되었다. 삼위일체를 인정하고 이에 반하는 주장들은 모두 이단으로 규정된 것이다. 주류는 니카이아 Nicaea 신조에서 나오듯이 정교正敎 기독교가 바로 로마 세계에서 인정받은 올바른 신앙이었다. 쉽게 말하자면 신의 세 가지 위격을 모두 믿으며 신은 성부 하나님, 성자 예수님 그리고 조력자(다른 말로 보혜사) 성령님이 균등하게 하나로 일체를 이룬다는 이른바 '삼위일체설trinitatis'을 믿는 것이다. 그런데 이 주장은 비록 기독교계에서 공식 입장이긴 했으나 논리적으로 수용되기 어려운 것이었다.

적지 않은 신학 이론가들은 3위 간의 조화로운 하나됨을 믿기보다는 이 세 가지 위격에서의 서열이 있을 것이라고 보았다. 아리우스라는 북아프리카 지역의 영향력 있는 기독교 성직자는 삼위 간의 서열이 있음을 이론적으로 해명하려고 한 자였다. 여기서 그가 내세운 주장의 핵심을 한번 살펴보려고 한다. 로마제국의 변방인 북아프리카 리비아 지역을 중심으로 부상한 아리우스(256~336년)는 다음과 같은 주장을 하면서 주류 기독교인들의 강한 반발에 직면케 되었다.

> 성부가 성자를 낳았다면 태어난 그는 존재의 시작을 가진다. 이로부터 명백한 것은 성자가 없었던 시간이 있었다는 것이다. 그런즉 성자가 아무런 것으로부터도 그의 존재를 지니지 않는다는 점을 반드시 받아들이는 경우 그리고 여기에 자유 의지를 지닌다면 그는 악과 덕을 모두 관장할 수 있는 것이다. (소조메누스,「교회사」1권5장15절)

고대말 대표적인 교회사가인 소조메누스 Sozomenus 가 저술한 『교회사』에 나오는 위의 인용을 보면 성부가 성자에 앞서 존재한 점을 내세워 이두 존재 간의 위계가 있음을 주장하는 것이다. 위계가 존재한다는 의미는 성부와 성자 간에 누가 더 높은 위치에 있는지에 대한 서열이 있다는 의미이다. 환언하면 성부 하나님이 속성상 성자 예수님을 앞서는 존재이기에 예수는 성부 하나님에게 부속되어 있다고 보는 해석이다. 이는 삼위일체 이론에 저촉되는 발상이어서 아리우스주의는 325년 로마제국 내 주요한 기독교 대표자들이 회합한 '니카이아 공회의'의 결정 이후 수세에 몰리고 이단으로 규정되어 박해를 받게 되었다.

에우세비우스가 황궁에서 어린 시절부터 대략 320년대 전후로 봉사하였다면 그는 이러한 격렬한 교의논쟁敎義論爭 의 정국 속에서 그가 믿는 아리우스파의 신앙이 위기에 처하는 것을 목도했던 것이다. 하지만 그는 아리우스주의에 깊이 경도된지라 그의 신앙을 지키기 위해 황궁에서 부녀

자들을 중심으로, 즉 콘스탄티우스의 여형제들이나 어머니를 중심으로 교리를 전파하고 설득하는 데 주력하였다. 당시 황가의 구성원들은 막 기독교가 발돋움하던 – 그 이전에는 이미 기독교가 보급되고 퍼져 갔으나 아주 잦은 박해로 위세가 눌려 있었던 점을 고려해야 함 – 때라서 교리에 대해서는 전문적인 지식이 없었다. 그런즉 지식인이 아니면 이해하기 어려운 삼위일체론 및 아리우스적 주장을 전파했다면 전파자의 인격이나 지적 능력에 근거해서 쉽게 수용했을 가능성이 있다.

그의 아리우스주의를 위한 전도사적 기능은 효과가 있어서 점점 로마 황실의 사람들은 아리우스주의에 가까운 신앙적 입장을 지니게 되었다. 콘스탄티우스의 기독교 신앙적 노선에 대해 학계의 대체적인 평가는 이 황제가 아리우스주의에 어느 정도 더 가까운 입장을 보였다는 것이다. 이는 그의 측근이었던 환관 에우세비우스의 영향이 아닐 수 없었다. 이것이 바로 그의 치세 내내 전통적이고 보수적인 니카이아적 신념을 지니는 수많은 기독교 성직자 및 그들의 지지자들로부터 비판받고 공략당하는 빌미가 된 것이다.

문헌에 기록은 없지만 충분히 상정할 수 있는 바가 어린 콘스탄티우스가(황제에 오른 337년에 만 20세) 이 환관에 의해 그러한 교의를 주입당하고, 상호 간의 친분에 의해 장차 황제가 될 이 어린 황가의 후손은 이 환관을 신임하였을 것이라는 점이다.

선임환관이 되다

에우세비우스는 콘스탄티우스가 동방의 분치황제가 된 이후부터 바로 이 선임환관의 직분을 받았다. 이것은 아주 많고 다양한 종류의 문헌에서 드러나는 바이다. 337년에 콘스탄티우스가 황제가 되는 배경을 좀 살펴

로마 환관_권력과 욕망의 이중주

보아야 이어지는 그의 치세가 어떠했는지를 깊이 이해하는 데 도움이 될 것이다. 337년 5월 22일에 30년 이상 제국을 통치했던 콘스탄티누스는 동방의 대도시 니코메디아 Nicomedia에서 사망하였다. 그런데 그의 사망의 배경에 대해서는 논란이 많다. 즉 자연사보다는 정치적 음모에 의해 희생되었을 가능성이 제기된다. 죽은 황제의 형제들이 어떠한 모략을 통해 살해했을 것으로 추측한다.

이 사건 이후 권력은 승계되어야 했는데 당시 로마를 통치할 만한 황가의 후손들이 많았다. 후세대 중 가장 연장자는 죽은 황제의 조카인 달마티우스 Dalmatius 였으나, 실제로 유력한 후계자는 콘스탄티누스의 자식들인 콘스탄티누스 2세, 콘스탄티우스 2세 그리고 나이가 어린 콘스탄스 3형제로 보아야 할 것이다. 이외에 콘스탄티누스 대제의 동생이 낳은 두 아들들이 있었다. 그들은 갈루스와 율리아누스인데 어미가 각기 달랐다.

콘스탄티누스의 죽음은 예기치 못한 일이어서 이후 권력의 세습 혹은 유산의 상속 등 이권에 대한 후손들 간의 다툼은 불가피했다. 그래서 9월 3일 콘스탄티누스 아들들 간의 영토 분할에 대한 대립이 일단락이 지어지기까지 서로 간에 투쟁이 있었을 것으로 보인다. 이 과정에서 달마티우스는 희생되었고 갈루스와 율리아누스의 아버지인 율리우스 콘스탄티우스 Julius Constantius 역시 제거되었으며 재산은 압수되었다.

다행히 이 콘스탄티누스 아들들의 어린 사촌들인 율리아누스와 갈루스는 목숨은 건지게 되었다. 이 과정에서 바로 337년 9월에 상호 합의에 이른 세 명의 죽은 황제의 자식들이 위의 사람들을 제압하고 권력의 뒤안길로 내보낸 것으로 보인다. 여기에 특히 갈루스와 율리아누스 집안에 직접 피해를 준 자는 대체로 콘스탄티우스 2세였을 것으로 추정된다.

337년 본인이 제국의 동방이라도 건지게 된 데에는 적지 않은 피비린

내 나는 암투와 음지에서의 활동이 있었을 것을 고려하면 콘스탄티우스의 권력 기반 역시 언제나 다른 야심 있는 세력의 도전에 노출되어 있었을 것으로 볼 수 있다. 따라서 자연스럽게 치세 초기부터 그가 신임할 수 있는 자들과 정사를 도모함으로써 자신의 권력 기반을 지키려고 했을 것이다. 늘 강조하지만 측근 정치 Policy of Proximi 는 그에겐 매우 중대한 통치술이었던 것이다. 이 자리에 바로 그가 어릴 때부터 친분이 있고 신임할 수 있는 에우세비우스가 들어선 것이다. 그에게 환관들을 통솔하는 총책임자인 선임환관직을 주었다. 그런데 이것은 명목상의 직분이었던 것 같다. 더 중요한 것은 바로 이 황제가 그를 좀 더 긴요한 그리고 내밀한 일에 중용했다는 점이다.

측근 정치의 심장부로

고대말 로마의 황제들이 측근들을 정치에 중용했다는 점은 고대 로마 전공자들이 익히 아는 일이긴 하나, 이에 대해 자세한 연구가 부족한 것은 바로 그러한 정황을 드러내 보이는 문헌들이 매우 적다는 데 있다. 필자가 현재 찾은 사례는 단 한 대목이다. 서기 4세기 로마정치사를 가장 자세히 서술하는 이교도 사가史家 암미아누스의 『로마사』 중 14권 11장 1~2절에 그러한 메커니즘의 일면이 다소 묘사되어 있다.

"콘스탄티우스는 그의 걱정거리들을 다 벗어 버린 다음, 온갖 수단을 다해 카이사르(갈루스)를 넘어뜨릴 궁리를 하기 시작했다. 마치 매듭을 풀고 유별나게 어려운 장애들을 제거해버리기라도 할 듯이. 그가 신임하는 자들과 야간의 기밀 회의에서 의견을 나누었는데, 이때에 그들은 어떠한 힘과 간계로써 카이사르의 힘이 확대되고 그의 자신감이 더 이상의 지지들을 받기 전에 대비해야 할 것인지를 의논했다. 마침내 결의된 것은 갈루스를 친근한 글로써 유인하고 무엇보다 아주 중대한 정치적인 사안으로 그를 속인다는 것이다. 이런 식으로 그는 모든 지원으로부터 배제될 것이고, 방해받지 않고 제거될 것이다. 이 의견에 대해 일군의 무리가 반대를 했는데, 이들은 타고난 아첨꾼들로 그중에 늘 야욕에 젖어 술수에 불타오르고 있던 아르비티오가 있었으며, 다른 사람들을 한없이 해를 입히려고 했던 당시의 선임환관 에우세비우스가 속해 있었다. 그들은 이유로써 카이사르의 소환 시에 동방에 우르시키누스가 남겨지는 것은 위험하다고 지적했다. 왜냐하면, 그를 제어할 아무도 남지 않는다면, 그가 훨씬 더 높은 목표를 설정할 것이기 때문이다."

위의 인용에서 주시해 볼 것은 황제가 밤에 비밀스러운 회의를 열었다는 것이다. 로마제국에는 황제와 주요 고위 관직자들이 정식으로 모여 국사를 논의하는 회의인 콘시스토리움consistorium 이 정기적으로 열렸다. 하지만 이 회의는 황제의 의견이 충분히 관철되기엔 쉽지 않은 모임이었다. 경륜 있는 관직자들 역시 자신의 이해관계를 가지고 의견을 개진했을 것이고 정파들끼리 단합하면 황제로서도 그들의 위세를 수월하게 꺾을 수는 없었던 것이다. 위의 인용문이 보여주는 회의가 열리던 354년은 막 콘스탄티우스가 로마제국 전체를 그의 1인 지배하에 둔 시점이기에 그의 발언권이 충분히 영향력을 발휘하기엔 한계가 있었으리라고 판단된다. 관직자들과의 정상적인 논의를 통한 국정 운영이나 통치 방식이 점점 복잡하게 느껴지고 부담스러웠을 것으로 보인다. 그의 거수기 역할을 하면서 그의 구미에 맞는 쪽으로 뜻을 같이 하는 자들이 훨씬 더 반가운 정치적 파트너였을 것이다. 여기에 측근 정치가 발달하게 된 주요한 이유가 있다.

그렇다면 위의 인용에서 논의 사항들은 무엇을 의도하는 것인가? 잠시 배경을 설명하자면 이것은 354년의 상황이다. 340년에 형인 콘스탄티누스 2세가 콘스탄스의 영토를 침범하는 군사 작전을 벌이다가 전사하였고, 350년 1월에는 동생 콘스탄스가 그의 부하장군 마그넨티우스 Magnentius 의 역모에 휘말려서 죽임을 당해 유럽 지역 로마제국이 이 황권찬탈자 usurper 의 손에 넘어가는 일이 벌어졌다.

그런데 이 상황을 오히려 자신이 전체 로마에 대해 정통성 있는 지배를 주장할 절호의 기회로 삼고자 한 콘스탄티우스는 그의 참모들의 조언을 받아들여 351년의 유명한 무르사 Mursa 전투를 통해 마그넨티우스를 결국 제압하였다. 그는 드디어 그의 돌아가신 아버지 콘스탄티누스처럼 로마를 1인 지배로 다스리게 된 것이다. 그런데 350년 콘스탄티우스가 과감히 유럽 지역 로마의 정치에 개입하게 된 때에 한 가지 용단을 내려야 했다. 과거 권력투쟁의 과정에서 관계가 악화되어버린 탓에 실제 제대로 신임하기 어려웠던 사촌 갈루스를 자신이 불가피하게 비워둔 동방의 통치자로 세운 일이 바로 그것이었다.

갈루스는 콘스탄티우스의 누나인 콘스탄티나와 부부가 되어 351년 3월 임지인 동방에 도착하여 콘스탄티우스의 제국이 안정되도록 하는 임무를 맡게 된 것이다. 그러나 동방에서 전체 로마의 주군인 콘스탄티우스의 단순한 꼭두각시 통치자가 되기 싫었던 갈루스는 점점 그곳에서 자주적인 태도를 보이게 되었다. 그를 감시하기 위해 상위 통치자인 콘스탄티우스로부터 파견된 고위 관리들과 대립하고 자주 그들을 처형해버리는 강수를 둔 것이다. 이는 콘스탄티우스에게는 바로 하극상으로 비쳐졌다. 이제 동방을 맡고 있는 갈루스를 어떻게 처리해야 하는지에 대해 이 비밀스러운 야간 회의를 통해 그가 신임하는 군대장관인 아르비티오와 선임

환관 에우세비우스 등에게 의견을 구했던 것이다.

이 인용문에서 354년 콘스탄티우스 측근 세력 내의 힘의 관계가 어떻게 펼쳐지는지에 관한 '권력의 메커니즘'을 이해하기 위해 범위를 좀 더 긴밀하게 한정해서 인물들의 관계축을 정리해보자. 황제를 중심에 놓고 두 편이 선명히 구분된다. 어디까지나 황제의 안위와 정책을 위해 측근으로 기능하는 두 사람인 아르비티오와 에우세비우스가 있고 다른 편에 적대적 위치에서 묘사되는 두 사람 갈루스와 우르시키누스가 등장한다.

'세력 정치Power Politics'라는 관점에서 늘 자신의 안위를 신경써야 했던 콘스탄티우스는 갈루스와 우르시키누스가 도전적 위치에 서지 못하게 제어해야 했으며, 이를 위해 구체적인 정책적 방안을 측근 정치의 주요 행위자인 아르비티오와 에우세비우스가 마련해야 했던 것이다. 즉 이들은 콘스탄티우스 비선정치의 브레인이 되는 셈이다. 일개 미천한 환관 출신이 이 시점이 되면 황제를 위해 국가의 중대한 비밀정사秘密政事를 도모하고 실행하는 위치에까지 이른 것이다. 그는 아마도 소싯적에는 노예시장에서 정처 없이 거래자 간의 가격 흥정의 결과로 팔려온 거세된 신분의 사람이었을 것인데 세월의 흐름 속에 어느덧 제국 정치의 주요한 직분자가 된 것이다. 이는 우리가 익히 아는 중국의 역사에서도 흔히 발견되는 성격의 이야기이긴 하다.

중국 환관들도 원래 가난한 집 출신이 거의 대부분이었고 이들은 출세를 위해 환관이 되기를 자처해서 스스로의 의지 혹은 가족의 의사에 의해 거세해서 궁에 들어간 자들이었다. 이후 주군의 신임을 받으면 점점 요직에 중용되었고, 일이 아주 잘 풀리면 여느 고위 관직자 못지않게 권세와 세도를 누렸다.

후한 말기 그 유명했던 십상시十常侍들 – 서기 180년 이래 후한 황조에서 최고 권력을 휘두른 주요 10인의 환관들 – 은 어린 황제를 마음대로 조종하여 그들만의 정치를 폈으며 마음에 들지 않으면 누구든 가리지 않고 탄압·제거하면서 절대적 권력을 구가하였으니 불만을 품은 군부세력 및 동조자들이 급기야는 군대를 일으켜 궁내의 모든 환관들을 일거에 소탕하여 씨를 말린 사건이 벌어지기까지 한 것이다. 이것은 바로 후한 황조의 몰락을 초래하였고 이후 일시적으로 중국에서는 환관이 사라지기까지 하였다. 그러나 이 로마의 콘스탄티우스 시대에는 그러한 광범위한 환관들의 발호는 찾을 길이 없다. 단지 유력 환관 에우세비우스를 중심으로 그들은 궁내에서 일정한 정도의 세도를 누렸고, 다른 관직자들의 눈에 나서 궁내에서 위화감이나 알력이 생기는 데 일조를 한 것은 사실이다.

결과적으로 환관 에우세비우스는 정책적 자문역 및 필요한 상황에 투입되어 활동함으로써 황제의 기대에 부응한 것이었다. 즉 이 환관이 갈루스를 제거하는 실제적 일에 개입함으로써 콘스탄티우스는 자신의 말을 듣지 않고 독자적 행보를 일삼던 거북한 존재인 갈루스를 처형할 수 있었다. 당시 갈루스는 황제의 친서를 받아서 소환을 당했다고 한다.

그를 유인하기 위해 공을 많이 들인 이후 그는 콘스탄티나와 같이 황제에게 가기 위해 먼 여행길에 올랐고 도중에 뜻하지 않게 그의 부인이자 황제의 누이인 콘스탄티나가 병사하는 일이 일어났다. 이후 그는 황제의 명을 받들어 계속 동방으로부터 이탈리아 반도를 향해 나아갔고 다뉴브 강 유역의 포이토비오 Poetovio 에서 좀 더 나아간 곳인 폴라 Pola 에서 대기하던 중 황명에 의해 결국 처형을 당하였다. 당시 재판에 개입한 자가 바로 에우세비우스였다.

이러한 사실에 대해 소식을 접한 율리아누스는 그의 이복형인 갈루스의 죽음에 바로 황제의 측근이자 혐오스러운 미천한 출신의 에우세비우스가 직접 영향을 끼친 점을 매우 불쾌하게 여겼다. 그러한 혐오의 감정은 이미 아주 예전부터 콘스탄티우스 주변에서 아리우스 교의를 퍼뜨리고 차츰 정치에 개입해서 주제넘게 월권을 행사한 바로 이 환관이 점점 정치세력화하는 데에 대한 불편함과 우려에서 기인했을 것이다.

에우세비우스의 율리아누스에 대한 공략

354년은 콘스탄티우스가 주로 그에게 위협이 된다고 여기는 인물들에 대해 예의주시하면서 대책을 세우고 추진한 시기였다. 앞서 언급한 대로 갈루스는 에우세비우스의 정책적 조언과 실무적 공작의 결과로 제거되었다. 이제 콘스탄티우스에게 남은 정적으로 설정된 자는 율리아누스와 동방 로마제국의 군사적인 실권자 우르시키누스였다. 후자를 표적으로 삼아 매우 단계적으로 콘스탄티우스가 대처해 나갔다.

제대로 권력의 무대로부터 떼어내는 데까지 시간이 많이 걸렸고 그 내용을 볼 때 적대적으로 대한 것인지 분명치가 않다. 우르시키누스와 에우세비우스는 당시 이미 불편한 관계에 있었다. 후자가 전자의 개인 사택을 취하여 자기 소유로 삼는 해프닝이 벌어지면서 돌이킬 수 없는 적대관계로 되어 버린 면이 있다. 우르시키누스를 완전히 꺾어놓음으로써 후환을 막고자 했던 에우세비우스는 황제에게 노골적으로 그의 정치적 거세(관직박탈)를 주장하였고 357년 무렵 그는 직을 잃어버리고 평범한 사인私人이 되었다.

이 글에서는 율리아누스와 에우세비우스의 관계를 좀 더 자세히 살피고자 한다. 이것은 문헌에 좀 더 많은 내용이 소개되어 있다. 물론 조심할 것은 주로 율리아누스가 남긴 글에서 정보를 얻는 것이어서 그의 편향된 사견이 있음을 유의하여 전체적인 그림을 최대한 중립적으로 맞추어야 하는 점이다. 그렇다면 무엇을 우리가 살펴야 하는가? 갈루스에 대한 압박 작전의 연장선상에서 벌어지는 일이 바로 그대로 율리아누스에게도 닥치는 것이다. 갈루스를 의심하고 그의 뒷조사를 하던 중에 콘스탄티우스의 측근들은 갈루스가 동방에 부임한 이후 율리아누스와 갈루스가 서로 콘스탄티노폴리스에서 만났다는 것을 매우 의심하고 문제시한 것이다.

이미 337년 콘스탄티누스가 죽은 이후 친족 내에서 심상치 않은 후계 권력을 놓고 벌인 암투에서 설명된 대로 이 두 형제는 율리우스 콘스탄티우스Julius Constantius(293-337년, 콘스탄티누스 대제의 이복동생이자 갈루스와 율리아누스의 부친)가 권력 다툼의 희생자가 된 이후 감시와 통제를 당했다. 그런즉 권력을 장악한 황제 콘스탄티우스의 그늘 속에서 이들이 그렇게 만나는 것 자체가 자연스러운 형제 간의 상봉으로 비쳐지기는 어려웠다. 콘스탄티우스의 측근들은 이것을 바로 정적을 곤경에 몰아넣을 수 있는 구실로 삼으려 했던 것이다.

그래서 율리아누스도 갈루스와 비슷한 시기에 소환을 당해서 심문을 당하는 처지가 되었다. 율리아누스는 황제가 거하였던 메디올라눔(오늘날의 밀라노) 인근의 어느 한적한 공간에 유폐를 당했고 황제가 만나주기를 기다려야 했다. 당시 그를 맡아서 감시하고 통제했던 자가 바로 에우세비우스였다.

세월이 지나 361년 율리아누스가 콘스탄티우스에 맞서 반란을 일으킨 때에 그리스 지역을 지나가는 행군 길에 아테네인들의 지지를 얻기 위해 편지를 쓴 적이 있었다. 이때 그의 편지 내용에는 소싯적에 그가 바로 그 황제로부터 받은 피해와 압박을 묘사하였다. 여기서 바로 환관 에우세비우스의 불편한 기억도 함께 폭로된 것이다.

"나를 그 에우세비우스는 붙들어 두었다. 무려 7개월을 꽉 채워서 자기 마음대로 나를 이리저리 끌고 다녔고 감시하에 둔 것이었다."

(율리아누스, 『아테네인들에게 보내는 편지』 272 D 8-10).

율리아누스는 그의 집안의 원수인 콘스탄티우스보다 이 편지에서 에우세비우스에 대한 불만과 원망을 더 드러내고 있다. 아마도 율리아누스는 그의 아버지의 원수인 황제보다 자신과 이복형이던 갈루스를 실제로 괴롭힌 자인 에우세비우스에 대한 불만이 더 큰 것으로 보인다. 이것은 학문적 연구의 소재로 많이 다뤄진 민감한 주제이기도 하다.

에우세비우스가 율리아누스를 대하는 일에 있어 그것이 단지 황제의 임무를 수행하는 선에서 이뤄진 것인지 혹은 개인적인 사심을 발동하여 의도적으로 율리아누스를 정치적 라이벌로 보고 선제적인 압박을 행사한 성격이 있는 것인지에 대해 학계에서 논의가 이뤄진 바 있다.

"왜냐하면 그 환관 에우세비우스는 이 점을 두려워했던 것이리라: 만일 내가 콘스탄티우스와의 신뢰 관계를 위한 토대를 굳건히 해버리게 된다면, 그래서 황제의 호의를 사게 된다면, 이를 통해 내가 콘스탄티우스에게 충성하는 것이 입증이 된다면 이 점이 그로서는 두려운 일이 되었을 것이기 때문이다."

(율리아누스, 『아테네인들에게 보내는 편지』 274 B 3-5)

에우세비우스가 보여준 행동에 대해 율리아누스가 드러내는 해석을 보면 그가 맡은 바 임무를 수행하는 것 이외에 사심을 지니고 그의 이익을 위해 황제의 정적들에 대해 필요 이상의 정치적 작용을 했을 것이라는 점을 엿볼 수 있다. 이러한 주장은 설득적인 것이 황제와 동일한 이해관계를 가지고 움직이는 환관들은 그 주군이 사라지게 되면 지지기반이 거의 다 날아가 버리는 셈이 되고 그런 상황에서 과거에 그들이 괴롭힌 자들로부터 역공을 당하게 된다. 그런즉 이러한 불씨를 사전에 막아버리려면 정적을 철저히 제압해야 했던 것이다. 이러한 맥락에서 율리아누스는 에우세비우스로부터 필요 이상의 정치적 압박이나 제어를 당했을 수 있다.

황제를 대신하는 교회 정책의 조력자

로마 사회는 서기 4세기 콘스탄티누스의 유명한 '밀라노 칙령edict of Milan'으로 인해 기독교를 믿어도 되는 상황의 전기를 마련한다. 이것은 단지 기독교인에게 신앙의 자유를 부여하는 정도에 그친 사건은 아니었다. 바로 이때부터 기독교는 전통적인 로마의 민간신앙 혹은 자연신 숭배사상을 밀어내는 제1 종교의 위세를 과시하는 출발선상에 서게 된다.

교회사가인 에우세비우스가 『Historiae Ecclesiastica(교회사)』를 서술하는 것을 필두로 계속해서 후배 교회사가들이 동일한 성격의 교회사들을 집필하게 되었다. 어느덧 4세기를 지나면서 로마제국은 기독교 제국이 되어간 것이다.

서기 4세기 중엽 콘스탄티우스 2세는 기독교 정책의 기틀을 마련해야 했다. 그 이유는 선대인 콘스탄티누스 치세로부터 기독교 내에서 올바른 신앙을 놓고 치열한 논전이 벌어지고 있었던 데에 있다. 기독교 교리에는 니카이아 신조만이 아니라 다양한 해석 및 교리들이 있었는데 매우 다양한 주장들로 황제로서는 이 복잡상을 해결해서 제국의 안정을 다잡아야 했던 것이다. 어느 한 교리에 완전히 치우칠 수 없었고 전체 로마인들의 원만한 통합 및 화합을 위해 중도적인 입장에서 국가를 안정되게 이끌어갈 수 있는 방향으로 교회의 정책을 수립해야 했다. 그러나 보수적인 정교신앙을 고집하는 니카이아 신조의 신봉자들의 입장은 완고했고 이단이나 여러 다른 입장의 이론을 주장하는 자들에 대해 전혀 타협의 기색을 보이지 않았던지라 황제들은 늘 골머리를 앓았다.

상이한 주장을 하는 여러 교파들을 끌어 모아서 회의를 하는 관습이 로마 기독교계에서는 황제의 주관으로 이뤄지게 되었다. 이것을 우리는 흔히 공의회 Synod, Council 라고 부른다. 교회의 공의회는 이때부터 관례가 되어 오늘날에 이르기까지 기독교권에서 제도적으로 유지되고 있다. 이러한 매우 진지하고도 심각한 성격을 내포하는 교회의 문제에 황제는 일을 원활히 진행하기 위해 그가 신임하는 자들을 조심스럽게 중용했다.

바로 이 교회 정책에서도 에우세비우스의 활동은 막강한 흔적을 남겼다. 그가 맡은 임무는 회유와 협박을 통해 황제에게 반대하는 기독교 세계의 주요 성직자들을 황제가 원하는 방향으로 움직이는 일이었다. 환관이 정치적인 영역 외에도 그에 못지않게 중대한 사안인 교회의 일에도 개입한 것이다. 그런데 에우세비우스는 개인적으로 아리우스주의를 신봉하였기에 어떠한 교회 정책이 실제로 추진되느냐는 그의 정치적 운명 그리고 신앙적 미래를 좌우하였던지라 그 자신에게 결정적으로 중요하였다. 그의 주군은 약간은 정통 니카이아적 신앙에서 벗어나 아리우스 방향으로 맞추어진 상태에서 여러 다양한 교의를 포괄할 수 있는 중도적 교회정책을 찾기 위해 노력하고 있었다. 이러한 속에서 에우세비우스는 아리우스 교의가 정통 교리를 내세우는 니카이아적 노선의 사람들의 거센 반발을 극복하도록 황제에게 입김을 행사해야 했다.

그가 개입한 교회 문제를 한 가지 소개하자면 서기 4세기 기독교 역사에서 매우 중대한 리베리우스 Liberius 라는 로마 주교에 관련된 사건이다. 콘스탄티우스는 에우세비우스를 로마제국에서 가장 영향력 있는 교구의 수

장인 로마 주교(다른 말로는 로마 교황이라고도 함)의 리베리우스에게 보내어 아타나시우스Athanasius와 관련된 아주 민감한 사안을 해결하고자 했던 것이다.

아타나시우스는 서기 296~298년경에 아프리카 지역에서 태어난 매우 뛰어난 기독교 교리 신학자였다. 그는 철저한 삼위일체설의 신봉자로서 아리우스를 위시한 여러 이단적 학설에 대해 강경히 대응했다. 그런데 그가 340년대 이래 황제 콘스탄티우스의 유연한 중도적 기독교 교리를 내세우는 정책을 사사건건 반대하자 황제는 그를 교회 직분으로부터 해임해 버렸다. 하지만 그는 굴하지 않고 그의 주된 지지 세력이 있는 알렉산드리아를 포함한 아프리카 지역으로부터 반대 노선을 견고히 지키기 위해 동조자들을 규합하여 강한 대립 투쟁을 전개했다.

그러한 속에서 리베리우스 역시 아타나시우스에게 설득이 되어 황제가 원하는 아타나시우스 해임안에 서명하지 않았다. 그런즉 이 자의 동의를 구하기 위해 황제는 에우세비우스를 리베리우스에게 보낸 것이다. 에우세비우스는 이 주교의 마음을 움직이기 위해 선물과 협박을 동시에 설득의 수단으로 사용해서 황제의 대리인 역할을 충실히 수행했다. 그리고 이후 정교신앙을 고수하려는 리베리우스를 재판에서 심문하기도 했다. 이는 종교 정책의 영역에서 콘스탄티우스가 에우세비우스라는 환관을 신임한다는 의미이다.

황제로부터 능력을 인정받은 에우세비우스는 자신이 원하는 대로 교회 정책을 조정하기 위해 좀더 영향력 있게 이 분야에 강한 입김을 행사했다. 357년에 아주 급진적 성향의 아리우스주의 노선의 인물인 에우독시우스Eudoxius가 동방의 주요 도시인 안티오키아에서 교회 주교 자리에 들어서도록 도왔다(소크라테스,『교회사』2권 37장 9절; 소조메누스,『교회사』4권 12장 4절). 359년에 개최된 셀레우키아 및 아르미니움의 공의회에서도 그는 강한 발언권을 행사하여 정교 신앙을 주장하는 자들을 견제하고 압박하였다(소조메누스, 『교회사』 4권 16장 22절).

에우세비우스의 말로

에우세비우스의 점점 강화되던 권세도 그리 오래 가지는 못했다. 그를 총애하고 신임하던 콘스탄티우스가 361년 가을에 전투를 벌이기 위해 동방지역으로부터 유럽의 동부로 이동해가던 도중에 당시 킬리키아 지역(튀르키예의 남부 해안지대를 끼고 있는 지역)의 어느 한 곳에서 병에 걸려 죽게 된 것이다. 당시 황제는 그에게 대항하여 하극상을 일으켜 서부 로마제국의 영토 상당 부분을 손에 넣은 율리아누스에게 대항전을 벌이려고 하던 차였다.

황제의 예상치 못한 사망은 에우세비우스에게는 큰 충격이었다. 이제 그를 견고하게 지지해 줄 자가 없어진 것이다. 그는 콘스탄티우스의 후임을 자신에게 유리하게 세우고자 노력했으나(암미아누스, 『로마사』 21권 15장 4절) 소용이 없었다. 황제는 그의 후임으로 율리아누스를 인정하는 유언을 남겼고 그 이후 율리아누스는 361년 11월 황제에 등극하였다. 이 신임 황제가 가장 먼저 한 일은 바로 그에게 철천지 원수인 에우세비우스를 찾아 제거하는 일이었다. 놀랍게도 콘스탄티우스의 통치 기간과 동일한 시간 동안 선임환관직에 있으면서 주군을 위해 여러 복잡하고 미묘한, 그러나 황제에게 중대한 비선 정책을 실행한 환관 에우세비우스는 소아시아에 위치한 주요 도시 칼케돈에서 형장의 이슬로 사라졌다(리비아누스, 『연설문』 18권 152장).

콘스탄티우스 통치기에 환관 에우세비우스의 역할은 무시 못할 파장을 불러 일으켰다. 그는 단순히 궁내 환관들의 우두머리로 행세한 정도가 아니었다. 복잡하고 까다로운 정치적 중대사에 비밀스럽게 개입해서 대체로 만족할 성과를 거둔 것이 이목을 끈다. 선임환관이 결국 환관 통솔자에서 나아가 정치적 해결사로서 기능한 사례는 4세기 로마 정치사에서 매우 주목받는 대목이다. 이러한 선례를 바탕으로 로마사에서는 많지는 않지만 간혹 그러한 영향력 있는 정치 성향의 환관들이 나타나게 되었다.

361~395년 시기의 상황

선임환관직이 제정된 이후 에우세비우스는 그야말로 대단한 파장을 일으킨 환관이 되어버렸다. 놀랍게도 그가 섬긴 주군인 콘스탄티우스 2세와 활동 시간이 동일하였으니 그 황제는 이 미천한 출신의 환관을 시종일관 중용하였고 기꺼이 자신의 비선정치에 투입했던 것이다.

중국사에서 보듯이 환관의 실제적인 활동 보장기간은 오로지 주군이 살아있는 동안이었다. 로마 환관들도 그러한 주종관계의 틀 속에서 이해될 수 있다. 에우세비우스는 주군 콘스탄티우스가 죽은 이후 곧 그의 종말을 맞이하게 되는 것이었다. 율리아누스는 그에게 개인적으로 매우 큰 불편을 끼친 이 환관을 살려두지 않았다. 이로써 로마사에 굵직한 인상을 남긴 환관은 역사 속으로 사라져 버렸다.

그렇다고 선임환관직이 철폐된 것은 아니었다. 그 자리에 환관이 아니라도 임명될 수 있었으며 원래 환관을 전제로 하고 만든 자리가 아니었던 만큼 궁의 생활을 총괄할 책임자는 필요했던 현실적인 이유로 그 자리는 유지되었다. 율리아누스 이래로 적어도 로마제국의 통치자들은 환관 에우세비우스의 폐해를 기억했을 터여서 환관이 다양한 분야에서 국가 기밀을 알거나 혹은 비밀스럽고 음흉한 일에 투입되는 일은 줄어들게 되었다.

동시에 율리아누스 이후에는 로마를 다스린 자들이 예전의 황실에서 나온 후손들이 아니라 개인의 후천적인 신분 상승이나 공적功績으로 황제에 오른 자들이었다. 그런즉 황가의 의전이나 예법 등에 아주 민감하거나 익숙한 자들이 아니어서 이들이 선임환관을 두고 그 휘하에 통솔을 따르는 환관들을 이용할 수 있었다고 해도 콘스탄티우스처럼 매우 큰 범위에서 환관을 활용하는 데까지 환관의 역할을 즐겨 실험하지는 않았다. 단지 원래 그들이 해야 할 황가에서의 일을 돕는 정도로 이용하면서 필요시 황제의 심부름 정도 하는 데에 환관들이 쓰일 여지가 있었던 것이다.

심부름이라고 하면 대체로 분쟁 지역에 보내거나 기독교 정책을 대변하는 사신으로 특정 지역에 가는 정도로 보면 된다. 383년 서로마 지역의 황제 그라티아누스Gratianus(재위 375~383년)를 제압하고 하극상으로 황위에 오른 마그누스 막시무스Magnus Maximus(재위 383~388년)는 그의 치세에 환관을 폐지하려고 노력하였으나 성공하지는 못했다. 결과적으로 그도 하는 수 없이 옆에 환관을 두고 필요한 일에 활용했다.

395년 어린 황제 아르카디우스Arcadius(재위 395~408년)의 선임환관으로 또 하나의 정치적으로 매우 강력한 세도를 부린 에우트로피우스Eutropius가 등장하기 전까지 간략히 문헌에 나오는 환관들의 활동을 스케치해보면 이러하다.

프로바투스Probatus는 율리아누스가 363년 여름 페르시아 원정에서 부상을 당해 전사하게 된 이후 갑자기 군대의 지지를 받아 황위에 등극한 요비아누스Jovianus(재위 363~364년)의 환관이었다. 그는 황제와 기독교 성직자들 간의 연락책을 맡아 당시 논란이 많던 기독교 세계의 교리 분쟁에 황제의 의사를 대변하고 여론을 수렴토록 요비아누스를 위해 일했다(소조메누스, 『교회사』, 6권 5장). 콘스탄티우스가 추진한 중도적 기독교 교리 통합정책이 모든 제국에서 해결을 본 것이 아니어서 이후에도 로마제국에서는 황제의 기독교 정책을 자기들의 노선에 맞추어 이득을 보려는 다양한 종류의 기독교 교파들의 경쟁과 분쟁은 지속되고 있었다. 요비아누스와 같은 로마 사정에 어두운 치자에게는 프로바투스와 같이 중개역을 해주는 측근이 필요했다고 판단된다.

로다누스Rhodanus는 발렌티니아누스 1세Valentinianus(재위 364~375년)가 치리하던 시대에 그의 선임환관으로 복무했다. 발렌티니아누스는 앞서 언급된 요비아누스 이후 로마제국이 일리리아 출신의 황제들에 의해 분치되는 때의 황제 중 일인이다. 그의 아우인 발렌스Vales(재위 364~378년)와 함께 로마제국을 크게 동서로 나누어 각기 다스렸다고 알려진다. 그들은 로마제국에서 변방에 속하는 판노니아 세쿤두스Pannonia Secundus에서 태어난 자들로 부모가 그리스 동북부의 일리리아 계열이었다.

이 로다누스는 황제를 위해 정상적으로 일한 것으로 기록된 것이 아니라 망신스러운 추문에 휩싸여서 결국 비참한 최후를 당한 경우에 속한다. 그는 베로니카Veronica라는 과부의 재산을 부당하게 갈취하려다가 적발되었다. 그럼에도 불구하고 그가 부당한 재산을 반환하지 않자 발렌티니아누스는 그를 서커스 경기장에 집어넣어서 산채로 화형에 처해버렸다(요하네스 말라라스, 『연대기』, pp.399~400).

마르도니우스Mardonius는 발렌스의 환관이었다. 그는 황제에게 예수 그리스도에게 세례를 베푼, 성경의 유명한 인물 요한의 머리를 동로마의 중심 도시 콘스탄티노폴리스에 옮겨와 안치하도록 제안했다(소조메누스, 「교회사」 7권 21장 2절). 신약성경을 보면 유대민족을 다스리던 로마제국의 분봉왕 헤로데스Herodes가 자기 딸의 요청에 의해 당시 왕실에 불편한 직언을 하였던 세례요한의 목을 치게 한 사건이 있었다. 기독교의 입장에서 이것은 신앙적으로 모범이 되는 순교로 받아들여지는 일이었다. 그런즉 마르도니우스는 신앙의 모범이 된 옛 선지자를 기념하고자 황제에게 제안한 것이었다. 이러한 일화는 대체로 환관의 이미지를 긍정적으로 볼 수 있게 해주는 면이 있다. 환관들은 주로 기독교 예배나 행사 등에서 거룩하고 근엄한 의례나 의전을 수행하는 것이 중요한 임무였다. 이러한 맥락에서 사사로이 탐욕을 부리거나 정치적으로 복잡한 일들에 연루되지 않고 후덕한 일을 했다는 것은 좋게 평가될 수 있다.

칼리고누스Calligonus도 교회 정책에 관여한 자로 기록에 나온다. 그는 발렌티니아누스 2세(재위 375~392년) 시절의 환관이었다. 당시 강경한 보수 기독교 노선을 표방한 영향력 있는 교회계의 인물인 밀라노 주교 암브로시우스Ambrosius에게 죽이겠다고 위협을 가했다고 전한다. 386년 당시 교회는 분쟁으로 로마제국에서 매우 시끄럽게 으르렁댔는데 황제의 교회 정책안을 암브로시우스가 수용하지 않자 그렇게 대담하게 교회의 고위 성직자에게 대든 것이다. 이에 대한 응징으로 379년에 황제에 등극하여 다른 황제들과 함께 분치를 하게 된 보수적 성향의 테오도시우스 1세Theodosius I(재위 379~395년)는 이 자를 죽이도록 명했다. 그는 386년 그렇게 형장의 이슬로 사라졌다.

매우 단편적으로 몇 명의 환관들을 알아보는데 대체로 에우세비우스와는 활동이나 정치적 개입 등에서 매우 다르다고 할 것이다. 유력한 환관인 에우트로피우스가 등장하기 전까지 황궁에서 환관은 존속했으며 주로 교회 정책에서 황제의 입장을 대변하거나 혹은 교회 성직자와 황제 사이에서 의사를 전달해주는 매개자 역할을 하거나 간혹 부끄러운 스캔들을 일으키면서 그가 지닌 권세나 직무권한을 엉뚱하게 남용하거나 하는 식으로 행적을 남긴 것으로 보인다.

로마 환관_권력과 욕망의 이중주

에우트로피우스

에우트로피우스 활동기의 시대배경

에우트로피우스(395~399년 선임환관직 역임)의 환관 활동을 본격적으로 다루기에 앞서 그가 선임환관으로 등장하기 전의 일반적인 로마 상황을 좀 살펴보는 것은 장차 벌어질 기상천외한 일개 환관의 막강한 세도를 이해하는 데에 도움이 될 것이다.

이를 위해 먼저 테오도시우스 1세에 대해 짚고 가야 할 것이다. 그는 원래 오늘날의 스페인 지역에서 출생해서 성장한 자이다. 황가와 직접적인 혈연적 연계는 없던 자로서 성인이 되어 군대에서 능력을 보이며 유능한 로마 군대의 지휘관이 되었다. 그가 권좌에 오르는 것은 379년 아드리아노폴리스Adrianopolis 전투에서 로마 세계를 내내 괴롭히던 변방의 외적인 고트족The Goths 을 물리치는 업적을 세웠던 데에 있다.

당시 서방 로마의 황제인 그라티아누스는 그를 신임하여 분치의 파트너로 삼아서 동방지역 로마의 황제로 세운 것이다. 이러한 사건을 어떻게 이해하면 좋을까? 높은 벼슬이 아닌 동등한 지위의 황제로 세운다는 것은 쉽게 이해하기 어려운 일이다. 그러나 그만큼 당시 로마의 상황이 위중危重: critical 했다고 보아야 할 것이다. 대개 역사학에서는 370년대 게르만의 대이동을 장차 서로마가 쇠망케 되는 결정적인 전기轉機 로 규정한다. 동로마는 지리적으로 정확히 설명하자면 그곳의 서쪽은 유럽(동유럽)에 속하나 나머지는 근동지역임을 기억해야 한다. 이 동로마제국은 여전히 존속하였고 서기 1453년에 가서야 근동의 최강 세력인 오스만투르크족에 의해 멸망케 되었다. 그런즉 로마제국의 멸망에 이은 중세의 도래는 서로마의 멸망을 전제로 한 표현이다.

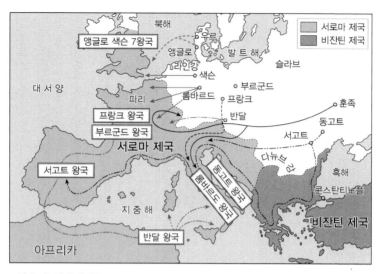

그림 6 게르만의 대이동

　세계사에서 자주 설명되는 서로마제국 말기의 전 세계적인 민족 대이동은 정말 광범위하게 이뤄졌다. 중국 본토에서 흉노족의 외침에 시달린 한족漢族을 주축으로 하는 중국인들이 이들을 대대적으로 소탕하기 시작했다. 그 군사적 압박이 매우 대규모여서 변방 족속인 흉노는 서쪽으로 멀리 내몰리게 되었다. 이들은 바로 중앙아시아 그리고 점점 유럽 방향으로 쫓겨나게 되었고, 이동 도중 중앙아시아에 거하던 훈족 역시 도미노 현상처럼 서쪽으로 내몰리게 되었다. 이것이 결국 유럽 동부 및 북부에 포진한 여러 민족 중 특히 게르만족을 서쪽으로 내쫓게 하였다. 그런즉 이 시기부터 이러한 근본적인 밀고 밀리는 민족 이동으로 인해 로마제국은 물밀듯이 파고드는 게르만의 침입에 놓이게 되었다. 그중 유명한 한 계파의 게르만이 바로 여기서 언급된 고트족이다.

　테오도시우스 황제는 당시 그라티아누스, 발렌티니아누스 2세 등과 함께 로마제국을 나누어 다스리면서 제국을 유지하고자 하였다. 그러나 이 과정에서 점점 세력을 잃게 된 동료 황제들은 막시무스Maximus, 에우게니 우스Eugenius 등의 하극상에 실각하게 된다. 이들은 찬탈자 황제가 된 것 이다. 그러한 과정에서 이 세 명의 치자들은 서로 간에 다시 최종 승리를 위해 투쟁을 벌여 테오도시우스가 394년 9월 에우게니우스를 제압함으로 써 그는 오랜만에 로마제국을 1인 지배하에 구축하게 되었다.

테오도시우스는 우리에게 '기독교의 국교화'로 유명한 자이다. 이 개념 은 매우 중요하다. 313년 콘스탄티누스는 기독교인들에게 '기독교의 공 인'을 칙령으로 공식화해주었다. 이 말은 이제부터 기독교를 믿어도 된다 는 말인데 그 이전에 자주 행해진 정부와 공권력에 의한 기독교인들에 대 한 박해라는 것이 더 이상 존재하지 않는다는 의미가 강하다.

그런데 테오도시우스 시대에 인정된 기독교의 국교화는 매우 강한 메 시지를 담는다. '국가종교화' – 일명 국교화 – 되었다는 것은 누가 생각 해도 강제성이 있는 말이다. 즉 기독교를 반드시 믿어야 한다는 느낌인 것이다. 물론 기독교를 안 믿는다고 해서 강한 제재가 있었던 것은 아니 나 이제부터 다른 종교를 믿는 것은 문제시될 수 있다는 암시가 든 것이 다. 이것은 이 테오도시우스가 기독교 신자이며 특히 보수적인 정교신앙 을 지닌 자여서 장차 정교신자들이 문제시하는 아리우스파와 같은 기득 권 세력에 의해 배척받는 교파들에 대해서는 강한 압박이 있을 것임을 예 견할 수 있다.

그러나 테오도시우스의 1인 지배는 오래가지 않았다. 347년 1월 11일 출생한 그는 395년 1월 17일 막 그의 48회 생일을 넘긴 뒤 병상에서 사망 했다. 그에게는 당시 10대 중반의 큰아들 아르카디우스Arcadius(377/8~408 년, 재위 395~409년)와 10대 초반의 둘째 아들 호노리우스Honorius(384~423년, 재위

395~423년)가 있었다. 죽어가는 황제의 유언은 이 두 아들이 다시 제국을 나누어 다스리도록 하는 것이었다. 형은 동부 로마지역을 맡고, 동생은 서부 로마지역의 황제가 되도록 했다. 이로 인해 이 시기를 기준으로 로마 역사는 돌아올 수 없는 강을 건너게 된다. 이후 두 로마제국은 다시 결합되지 못한 채 대체로 외세에 심하게 압박을 당하면서 겨우 명맥을 유지하는 정도로 매우 위축되어 갔다. 이미 언급한 외부로부터 여러 다양한 힘 있는 이민족들이 침입함으로써 이들을 제어하거나 물리칠 힘이 없게 된 것이 테오도시우스 이후 로마의 안타까운 자화상이었다.

이 두 황제들은 모두 미성년이어서 스스로 치리할 능력이나 여건이 되지 않았기 때문에 테오도시우스는 어린 두 황제에게 각기 보필할 후견인을 붙여주었다. 아르카디우스에게는 황궁경비대장을 하던 루피누스 Rufinus 가 후견인 역할을 맡게 되었다. 서로마에서는 테오도시우스의 사위이던 유명한 용병 출신의 군지휘관 스틸리코 Stilicho 가 처남 격이 되는 호노리우스를 위해 정사를 돌봐주는 역할을 하게 되었다.

테오도시우스 임종 무렵의 이러한 상황을 보면 우리는 한 가지 사실을 짐작하게 된다. 바로 어린 황제 주변에 다시 정치적 성향을 지닌 환관들이 활개를 칠 수 있는 여건이 조성되었다는 점이다. 이는 여러 번 강조하지만 중국사에서는 부단히 이어지는 폐단이었다. 황제가 미숙한 연령이고 주변에 영향력을 행사할 친인척이 없을 때 그 빈 공간에 환관이 들어가서 황제를 보필하기도 하지만, 실제로는 그 환관이 바로 실세가 되어버린 역사가 한나라, 당나라, 명나라 등 여러 황조를 거치면서 거듭되었다. 이제 우리는 동로마의 이후 사태 전개를 주목해 보아야 한다. 아르카디우스가 믿고 중용한 선임환관 에우트로피우스는 어떠한 일들을 행했는지 말이다.

에우트로피우스의 이미지

환관의 이미지를 드러내는 문헌들은 거의 다 부정적인 느낌을 준다. 일명 희화화戱畫化된 양태로 신체적 결함을 지니고 미천한 일을 하던 이들을 멸시하는 경향이 강하다. 우리나라에서도 소위 '내시'들을 다루는 문학작품, 예술작품(영화, TV 드라마 혹은 연극) 그리고 일반적인 역사적 문헌을 보면 그러한 면을 볼 수 있다. 드라마에서는 특히 이들을 의도적으로 우스꽝스럽게 그려내고 있다. 궁에서 주로 주요 인물들이 등장하는 것을 알리는 역할을 할 때에 이들은 마치 염소를 연상케 하는 길고 가는 음성으로 가령 "주상전하 납시오"와 같은 대사를 한다. 시청자의 입장에서 보기에는 그 장면에서 환관에 대한 부정적 인식이 생길 수 있다. 즉 일반적인 행태, 음성, 생활습성에서 벗어나 있기 때문이다. 이러한 매우 경멸적인 태도가 담긴 환관의 묘사는 로마에서도 마찬가지였다.

로마 당대의 문헌에서도 막강한 권세를 휘두른 에우트로피우스를 묘사할 때 매우 특이하고 흥물스러운 존재로 비하하는 것을 볼 수 있다. 서기 4~5세기의 유명한 문인이었던 클라우디아누스Claudianus는 그가 저술한 시에서 에우트로피우스를 매우 부정적으로 그리고 있다. 유명한 그의 작품 〈에우트로피우스를 고발한다in Eutropium〉의 시작 부분은 매우 가열찬 에우트로피우스 인신에 대한 공격이 불을 뿜는다.

세상이 이제는 그 반인반수 같은 태생을 지니는 피조물에 대해 경이감을 느끼지 못하도록 하자. 괴물 같은 갓난애들을 보면 그들 어미들조차 깜짝 놀라는 법이다. 마치 밤에 도시에서 늑대가 울부짖는 소리를 늘는 것과도 같이 그리고 돌이 비처럼 쏟아지는 것에 놀라기라도 하듯이, 혹은 피처럼 붉은 폭풍우를 보듯이, 고인 물이 마치 핏빛으로 변하는 것처럼. 달이 하늘 가운데에서 부딪쳐 두 쪽의 하늘을 만들어버린 듯이 놀라게 되는 법이다. 우리가 아는 환관 출신인 콘술이 등장하기 이전에 조짐은 충분히 있었으리. 이것은 하늘도 땅도 부끄러워할 일이니. 우리 도시들이 콘술의 제복 속에 덮인 연로한 아낙을 감싸고 있구나. 이는 그 해에 한 여인의 이름을 주고 있다.

(중략) 현명한 에트루리아 점술가들에게 반짝이는 섬광의 연유를 물어보자. 그 점쟁이들은 아주 내밀한 곳에 숨겨진 끔찍한 전조를 수색하고 있는도다. 이러한 새로운 공포스러운 경고가 바로 신들이 내려준 것이란 말인가? 나일강이 그 바다를 드러내고 로마의 땅이 그 물줄기를 홍해의 물줄기와 섞도록 시도한단 말인가? 니파테스 Niphates(알렉산드로스의 동방원정 도중 그라니쿠스 전투에서 페르시아 왕국이 대항전을 위해 보낸 장군의 이름)가 동방의 야만족을 시켜 우리의 땅들을 다시 황폐케 만들려는 것인가? 아니면 역병이 우리를 위협하는 것인가? 혹은 흉작이 농부들에게 대가를 주지 않으려는 것인가? 신의 분노는 이토록 지칠 줄 모르고 지속되어 우리에게 강한 피해를 준단 말인가? 무슨 봉헌 제물이 되어야 그러한 잔인한 제단을 진정시킬 수 있단 말인가? …

이 풍자시를 보면 유려한 문장에 작가 클라우디아누스가 그가 싫어하는 당대의 환관 에우트로피우스를 노골적으로 폄하하고 있음을 알 수 있다. 우선 이 환관의 생물학적 결함을 반인반수라고 규정한다. 남자도 여자도 아닌 정도가 아니라 반은 짐승과 같다고 하면서 인격적인 모독을 가한다. 즉 애초에 미천한 거세자가 권력을 장악한 것에 대해 강한 반감을 드러내는 것이다. 괴물, 늑대, 핏빛 등 매우 강한 인상을 주면서도 부정적 느낌을 자극하는 단어들을 의도적으로 전면에 내세우면서 이 시의 공격

대상인 에우트로피우스를 철저히 모욕하는 것이다.

그리고 텍스트의 중간 정도에 환관 출신이라는 말을 함으로써 그가 신체적으로 결함이 있는 자라는 점을 부각시킨다. 즉 이 환관은 성기가 거세된 자임을 공개적으로 까발리는 것이다. "우리 도시들이 콘술의 제복에 덮인 늙은 아낙을"이라는 대목은 더욱 구체적으로 제시되는 역사적 사실이다. 장차 다루게 될 에우트로피우스의 본격적 이력 사항에서 가장 절정은 바로 399년에 황제에 의해 그가 콘술로 임명된 것이다. 그런즉 그가 콘술이라는 제국 최고의 관직에 오른 것을 저자는 매우 불편해 하는 것이다.

아낙이라는 것은 비유적인 표현으로 볼 수 있다. 바로 성기가 거세된, 그래서 성적 정체성이 모호해진 에우트로피우스를 비하하여 여자처럼 보이게 묘사하려는 것이다. 그 이후에 나오는 표현들은 제국 전체에 다양한 재앙이 임한 것을 드러낸다. 이는 간단히 말하자면 미천한 에우트로피우스가 콘술이 되는 지경에 이르렀으니 제국 전체에 마치 초상이 난 느낌으로 여러 가지 불우한 자연재해 등에 빗대어 풍자한 것이다. 클라우디아누스는 한마디로 이 환관이 존재한다는 이유로, 에우트로피우스를 비난하고 경멸하는 글을 쓴 것이다.

물론 그의 글은 어느 정도 과장이 되었을 것으로 볼 수 있고 주관적 감정이 지나치게 이입되어 있다. 이제부터 문헌에서 대부분 문제시하고 있는 로마 환관 에우트로피우스에 대해 여러 가지 면을 가지고 살펴보고자 한다.

초기 이력

에우트로피우스는 로마제국의 먼 변방인 아르메니아에서 태어나 노예시장에서 팔려서 로마 영토로 유입되었다고 소개된다. 로마제국은 당시 행정적으로 동서로 구분되었다. 대체로 지중해의 이탈리아반도와 발칸반도(그리스가 있는 곳) 사이를 수직으로 구분해서 동서로 나눈 것이다. 근동지역에서도 중심부가 아니라 변방에 속하는 아르메니아는 페르시아 역사의 연장선 속에서 간접적으로 언급되고 인식되는 경향이 강했다.

위치상으로 오늘날의 남부 러시아로부터 튀르키예로 향해 가는 경계 지역에 있던 곳이다. 이곳은 전통적으로 기독교를 일찍 수용해서 지금까지도 중동에서 드문 기독교 문화의 뿌리가 있는 곳이다. 자연환경은 대체로 험한 산악에 놓여 있었지만 고등문명과의 교류와 접촉을 통해 문명수준은 무시 못할 정도였다. 유독 이곳 출신이 이후 다른 곳에 가서 거세된 상태로 지배자의 궁이나 유력가문에서 시종으로 봉사하는 비율이 높았다고 전해진다.

클라우디아누스의 시에 의하면(1권 44~49행, 58행) 에우트로피우스는 어린 나이에 노예시장에서 팔려 돈 많은 집안에 가서 허드렛일을 하면서 이른 나이부터 거세자의 바닥 인생을 전전했다고 전한다. 그는 로마의 관직자 프톨레마이오스 Ptolemaios 의 집에 팔려가서 동성애 대상자로 이용당했다고 한다. 그의 나이가 더 이상 이러한 미동의 성적 노리개 역할을 하기에 부적절한 때가 되자 그 주인은 마기스테르 밀리툼 magister militum (군대 장관)인 아린테우스 Arintheus 에게 그를 선물로 기증했다. 대략 379년 이래 아린테우스는 에우트로피우스를 자신의 딸을 양육하는 역할에 투입했다고 클라우디아누스의 글은 전한다.

여기서 대체로 에우트로피우스도 앞선 유력 환관인 에우세비우스처럼 지식인 수준의 교양을 겸비한 것으로 유추할 수 있다. 아리우스 교의를 위해 그것의 의의와 중요성을 설파한 에우세비우스처럼 에우트로피우스도 어린 소녀의 교육을 맡았다면 언어적 능력이나 지적인 소양을 지니고 있었을 것으로 볼 수 있는 것이다.

이후 그 어떤 계기로 그는 테오도시우스 1세의 황궁에 들어가게 되었다. 에우트로피우스는 당시 궁에서 황제의 어린 자식들인 아르카디우스와 호노리우스를 교육하는 역할을 맡았을 가능성이 크다. 테오도시우스가 분명 이 환관을 신임한 것으로 보인다. 그가 394년 제국 내 분쟁지역인 이집트에 황제의 특사로 파견되어 외교적 임무를 맡은 것도 마치 콘스탄티우스 치세에 에우세비우스를 자주 특사로 외국에 파견하던 경우를 연상케 한다.

선임환관이 되어 정치적 무장을 하다

395년 1월에는 병석에 누워 있던 황제 테오도시우스가 사망함으로써 로마제국에 중대한 변화가 생겼다. 그는 유언으로 로마제국을 동서로 나누어 그의 두 아들이 각자 다스리도록 하였다. 그리고 어린 자식들을 위해 신임 받던 루피누스 Rufinus 와 스틸리코 Stilicho 가 각기 임시로 일정 기간 함께 통치에 조력토록 되었다. 즉 정치적 후견인이 세워진 것이다.

공식적인 행정 문서에 따르면 이 395년부터 에우트로피우스의 이름이 선임환관직에 등재되었다. 추측컨대 황궁에서 함께 지내면서 업무 수행 능력, 과단성 및 지적 능력 등에서 테오도시우스에 의해 긍정적으로 평가되었을 것이라고 판단된다. 그리하여 에우트로피우스는 어린 황제 아르카디우스의 뒤를 받쳐주는 자리에 서게 된 것이다.

하지만 이것은 대체로 비정치적 영역에서 아르카디우스를 보필하는 것이라고 보아야 한다. 두 아들들에게 버젓이 후견인들이 주어져 있으니 환관이 공식적으로 행세할 수는 없었다. 그런데 에우트로피우스는 단지 그에게 주어진 일에만 만족할 정도로 궁의 사정을 모르지 않았다. 사익을 위해 미숙한 어린 황제의 기회를 이용하는 법을 모르는 자가 아니었고 큰 정치적 야심이 있는 자였다.

그가 어떻게 처신하느냐에 따라 어린 황제의 신임과 지지는 더 커질 수도 있었기 때문에 주군의 강한 신임을 얻기 위해 매우 많은 노력을 한 것으로 보인다. 궁극적 목표는 그가 궁에서 강한 세력을 장악하는 데 걸림돌이 되는 실세 루피누스를 제압하는 것이었다. 즉 루피누스의 후견권을 자신에게로 돌리기 위해 에우트로피우스가 나름의 정략을 세워야 했던 것이다.

여기에는 에우트로피우스가 루피누스에게 강한 공세를 펴도 될 만한 사정이 있었다. 당대를 기록한 문헌들 대부분에서 루피누스에 대한 인물평은 부정적이다. 사료들은 마치 그가 어린 황제를 꼭두각시로 세워놓고 전횡을 하는 것처럼 기록한다. 즉 이 노련한 정치꾼의 위세에 황제도 위압 당했다고 보면서 주변에 그를 막아줄 관직자들이 없었다는 것이다. 그는 황제의 자리조차 넘보면서 결혼을 통해 아르카디우스와 관계를 공고히 하려는 계략을 모색하고 있었다고 역사가 조시무스 Zosimus 는 전한다.

> "이제 루피누스와 스틸리코는 막대한 부를 축적하게 되었다. 루피누스는 스스로 황제가 되겠다는 계획에 그의 결혼 적령기에 찬 딸을 황제와 정혼시킴으로써 권력에 접근하는 수단으로 삼고자 했다."
>
> (조시무스, 5권 1장 4절)

조시무스에 의하면 이러한 계략은 당사자 루피누스의 생각과 달리 속히 소문으로 퍼져 로마인들은 물론 궁의 에우트로피우스에게도 알려지게 되었다. 이에 루피누스가 더 강한 권력을 잡을 수 있는 가능성을 걱정하던 에우트로피우스 역시 맞불 작전을 폈다.

로마 환관_권력과 욕망의 이중주

"프로모투스의 두 아들 중 한 사람이 집안에 미모가 출중한 딸을 두고 있었다. 황제를 위해 시무하던 환관들 중 하나였던 에우트로피우스는 이 여성의 미모를 묘사함으로써 황제에게 그녀와 결혼할 것을 권했다. 황제가 그의 말을 곧이 듣는 것을 눈치 채고 에우트로피우스는 그녀의 모습을 담은 초상을 보여주었다. 이로써 그는 황제의 관심을 드높였고, 그를 설득하여 부인으로 취할 것을 권했다. 그런데 루피누스는 무슨 일이 벌어지는 것도 모른 채, 그의 딸이 황제와 장차 결혼할 것이고 그가 곧 제국을 황제와 양분할 것이라고 생각한 것이다."

(조시무스, 5권 2장 2~3절).

에우트로피우스의 계략은 성공하여 395년 봄 아르카디우스와 갈리아 출신 군인의 딸 에우도키아 Eudocia 의 결혼이 성사되었다. 이로써 그 환관은 황제의 신임을 더욱 받는 위치에 서게 되었고 정적 루피누스의 입지를 약화시킴과 동시에 두 사람의 라이벌 권력 구도에서 유리한 고지를 선점케 된 것이다.

초기 권력 장악의 묘수 : 스틸리코와 루피누스 경쟁 관계를 역이용하다

위의 이야기에서 에우트로피우스가 정치적 촉이 적지 않게 발달한 인간임이 드러난다. 권력을 장악하기 위해 어떠한 방도를 써야 하는지에 매우 민감한 그의 면모가 보이는 것이다. 환관은 군 통수권을 지닌 자도 아니고 견고한 지지 기반을 갖춘 전통적인 세도 가문의 관직자도 아닌, 권력을 쟁취하려면 반드시 특정 세력과 연대를 해야 하는 제한적 조건에 처한 자였다. 그렇다면 그가 의존해야 할 대상은 바로 궁내에서 그를 신임하는 유력한 자들이었다. 테오도시우스가 그를 신임하였듯이 그 역시 어린 아르카디우스를 속칭 '구워 삶아야' 했던 것이다.

그가 노린 것은 황제 그리고 그와 결혼하게 될 황비 에우도키아라는 황실 인물들의 보호의 우산 속에 들어가려는 것이었다. 그리고 이 두 사람의 실제적 힘이 여전히 형성 단계이기에 걸림돌이 되는 루피누스를 제압하기 위해서는 또 다른 힘 있는 자를 끌어들여야 했다. 이 자가 바로 이미 언급된 서로마 황제의 후견인 스틸리코였다. 스틸리코는 자신이 죽어가는 테오도시우스의 병상에서 두 어린 황손에 대한 후견자 역할을 임명받았다고 공언하면서 동서 로마 정치권에서의 입지를 견고히 세우려던 자였다. 그런데 이 스틸리코는 동로마에서 루피누스가 막대한 권력을 휘두르면서 위세를 과시하는 것이 몹시 못마땅했다.

바로 이 두 사람의 대립적 상태를 에우트로피우스가 파고든 것이다. 먼저 그는 스틸리코와 연합하는 작전에 나섰다. 395년 11월 스틸리코가 보낸 장군 가이나스 Gainas 는 당시 외침의 압박에 놓여 있던 동로마를 돕는 목적으로 군대를 지휘하고 있었다. 황제 아르카디우스는 고마움의 표시로 이 군대가 콘스탄티노폴리스에 당도하자 친히 나가서 이들을 환영하는 의식을 치렀다. 당시 황궁의 경비 책임을 맡은 루피누스는 황제를 대동하고 함께 현장에 있었고, 적절한 기회가 왔을 때 가이나스의 작전 지시를 받은 병사들이 기습하여 루피누스를 살해했다고 조시무스는 전한다(조시무스, 5권 7장 5~6절). 이 역사가에 의하면 루피누스의 제거는 아마도 미리 준비되었을 것으로 해석된다. 즉 스틸리코와 에우트로피우스가 함께 공모하여 그들의 공동의 적인 루피누스를 없애버린 것이라고 보는 것이다.

396년 이후 황궁을 장악하는 에우트로피우스

에우트로피우스는 스틸리코와 공동의 이해관계로 연합하여 일단 강한 정적 루피누스를 제압해서 죽인 이후 황궁에서 좀더 확고한 입지를 다지기 위해 더욱 과감한 태세로 나아갔다. 대대로 막강한 정치적 기반을 지닌 두 사람 티마시우스Timasius(기병대장magister equitum)와 아분다티우스Abundatius(군대 장관magister militum)를 해임시켜버렸다. 즉 권력 장악에 걸림돌이 되는 자와 권한이 강하고 기반이 큰 세력들을 제압해버리면 그 다음의 일은 쉽게 풀리는 법이다.

이런 식으로 유력한 인물들을 차례로 제거함으로써 환관 에우트로피우스는 에우세비우스에게서도 볼 수 없었던 대단한 실제적 권력을 과시하게 되었다. 그리고 과감한 인사 정책을 폈는데 요직에 있던 실세들을 자기편으로 끌어들인 것이다. 달리 말하면 군대행정, 일반행정 등의 주요 인사들인 내각총리magister officiorum 호시우스Hosius, 황궁 수비대 지휘관을 뜻하는 코메스 도메스티코룸comes domesticorum 의 수바르마키우스Subarmachius와 이후 군대 장관이 되는 레오Leo 등을 자신이 믿고 의지할 사람으로 삼은 것이다.

이를 보면 에우트로피우스가 인사 정책에 대한 감각도 대단했음을 알 수 있다. 부담스러운 강한 적은 아예 뿌리를 뽑는 강공으로 대했고, 궁내에서 지지를 바꿀 수 있을 자들은 회유하고 포섭해서 자기편으로 끌어들인 것이다.

다시 스틸리코를 '공공의 적'으로 내몰고

에우트로피우스는 용의주도했다. 그는 늘 서로마에서 강한 힘을 과시하는 스틸리코가 부담스러웠다. 마치 20세기 제2차 세계대전 당시 비록

'독소 불가침조약'은 맺은 상태이지만 거대한 영토와 막대한 무기를 보유한 소련을 두려워하지 않을 수 없었던 나치의 지도자 히틀러가 결국 이 조약을 스스로 깨고 소련 땅을 침공했던 것이 연상된다. 어설픈 관계에서 일시적 동맹은 오래가는 법이 없다. 로마의 역사에서도 보이듯이 기원전 60년, 정략적으로 체결된 삼두(카이사르, 폼페이우스 및 크라수스) 간의 루카Luca 협상은 오래가지 않았다. 결국 폼페이우스는 선공을 취해 카이사르의 목을 죄어갔던 것이다. 397년 에우트로피우스는 스틸리코의 동로마에 대한 개입을 막기 위한 목적으로 다음과 같은 조치를 하도록 유도했다.

> "이제 콘스탄티노폴리스에서는 에우트로피우스를 정면으로 대항할 자가 아무도 없었다. 그는 이제 오직 서방 로마를 장악하고 있던 스틸리코만을 염두에 두어야 했다. 이 자가 콘스탄티노폴리스에 오지 못하게 해야겠다는 결심을 한 이후, 에우트로피우스는 황제를 설득하여 원로원 회의를 통해 이 스틸리코를 황제의 칙령을 가지고 공공의 적으로 선언하도록 만들었던 것이다."
>
> (조시무스, 5권 11장 1절)

이러한 방법이 당시 에우트로피우스가 정적 스틸리코에 대해 취할 수 있었던 가장 유효한 제어책이었을 것이다. 동로마의 온 신민들이 인식하도록 스틸리코의 동로마에 대한 정치적 개입이나 간섭 등을 아예 불법화하는 조처로 볼 수 있다. 이러한 상황 속에서 에우트로피우스는 외세의 압력으로부터 벗어나 본인이 추구하는 동로마 내에서의 좀 더 내밀한 권력 장악을 위한 진일보를 할 수 있었을 것이다.

로마 환관_권력과 욕망의 이중주

권력의 최정점에 선 에우트로피우스

막강한 권력을 장악한 에우트로피우스는 문헌들에서 여러 가지 문제를 일으킨 자로 부정적으로 묘사된다. 두 가지 정도로 정리해보자.

먼저 관직 매매가 그것이다. 이는 인간이 사는 모든 사회에서 늘 조심해야 할 공직사회의 폐단이다. 에우트로피우스는 그의 권세를 이용해서 관직을 청탁받고 대가성으로 그것을 주는 식의 문제를 일으켰다는 것이다. 이러한 주장은 그를 경멸하는 시인 클라우디아누스만이 아니라 에우나피우스(67편), 조시무스(5권 10장 4절) 등에도 지적되는 내용이다. 이는 적어도 에우트로피우스의 세도와 권한이 대단했음을 알 수 있게 해준다.

이러한 면모는 중국의 환관제도에서도 심각히 지적을 받는 대목이다. 후한시대 관리가 감찰의 임무를 맡아 특정한 고을을 조사하면 환관들의 폐해가 속속 드러나게 됨을 우리는 익히 들어 알고 있다. 환관들은 엄청난 뇌물수수 등과 같은 비리와 연결되어 있었다. 미천한 환관에게 줄을 서서 돈을 주고 관직을 받는 풍경을 사실로 받아들이게 될 때에 이를 기록하는 사관들이나 지식인들은 더욱 환관에 대한 부정적 인상을 받게 되는 것이다.

다른 한 가지는 궁내 위계질서를 마음대로 재편해서 자기만의 고유한 아성을 구축한 부정적 행위에 대한 것이다. 1972년 학술지 『Byzantion』 42집에 나온 연구논문인 「서기 4세기 castrensis 직책」에는 에우트로피우스에 의해 390년대 단행된 황궁 구조 개편이 소개된다. 이는 자기 본위로 만들어 스스로의 권력 기반을 다지기 위한 조치라고 보이는 것이다. 당시 20세도 되지 않은 미령한 황제는 대체로 궁의 생리를 잘 알고 자기를 위해 일을 하는 것처럼 보이는 에우트로피우스의 개편안을 용인했을 것으로 보인다.

궁의 많은 자들을 '예스맨'으로 만든 이후 이 환관은 걷잡을 수 없이 과감한 정치적 행보를 보인다. 서로마 장군인 길도 Gildo 를 사주하여 서로마 영토를 공격하도록 하는가 하면, 로마제국 영토를 자주 침범하여 위협을 가하던 훈족을 토벌하기 위해 직접 지휘관이 되어 원정에 나서는 것도 서슴지 않았다. 우리는 이 대목에서 어마어마한 해군을 받아 인도양을 향해 나아가서 대대적인 정벌과 무역을 행하게끔 명을 받은 정화鄭和라는 명나라 영락제 치세의 환관 출신 항해대장을 떠올리게 된다.

한편 에우트로피우스의 이력에 가장 정점을 찍은 것은 그가 399년에 콘술에 임명이 된 사건이다. 콘술은 로마에서 가장 명예롭고 높은 관직이다. 달리 왕이나 황제가 없던 공화정기에는 그야말로 로마 국가의 최고 통치자였다. 제정기가 되어 황제가 최고의 자리에 있을 때에도 콘술은 그에 버금가는 권력의 자리였는데, 아르카디우스는 이 일개 환관 출신의 에우트로피우스에게 콘술이라는 최고 벼슬을 주기를 주저하지 않은 것이다.

앞서 보았던 클라우디아누스의 시는 어찌 미천한 환관 출신이 콘술이 될 수 있는가라는 심정으로 풍자한 작품이다. 에우트로피우스가 이처럼 최고 신분의 자리인 콘술에 오른 것은 그야말로 개인으로서는 무궁한 영광이요 천지개벽할 일이 벌어진 것에 다름 아니다. 이 정도되면 그가 황제와 다를 바 없는 위상을 지닌 것이다.

그렇다면 황제 아르카디우스는 왜 그렇게 무력했을까? 그 이유에 대해서는 몇 가지로 추론이 된다. 먼저, 아르카디우스가 395년 부친의 죽음으로 부모를 모두 잃게 되었다는 점이 크게 작용했다. 아버지 테오도시우스 황제가 사망하기 전에 어머니 아일리아 플라비아 플라킬라Aelia Flavia Flacilla(356~386년)가 사망했기 때문에 그로서는 가장 믿을 만한 자를 주변에 두고 조력자로 삼아야 했던 것이다. 그러한 상황에서 오랜 세월에 걸쳐 친분이 있는 황궁의 선임환관 에우트로피우스가 아마도 가장 심정적으로 신뢰되는 자였을 것이다. 만일 모친이 살아 있었다면 에우트로피우스가 쉽게 전면에 부각되지는 못했을 것이다. 적어도 사리를 분별하는 성인 여인이라면 환관이 정치에 개입해서 일으킬 부작용에 대해 경계는 했을 것이다. 부모를 일찍 잃게 된 아르카디우스로서는 결혼을 주선해서 아내마저 얻게 해준 에우트로피우스를 부득불 많이 의존해야 했던 것이다.

또한, 17세 정도되던 그의 미숙한 나이가 적지 않은 영향을 끼쳤을 것이다. 그 시기는 당연히 고민이 많고 심적으로 불안정한 사춘기이다. 그러한 나이에 대제국을 다스릴 중임을 맡아야 했으니 중압감에 시달렸을 것이다. 그런즉 그가 그 누구를 의존함으로써 부담에서 벗어나고자 하는 마음이 간절했을 것이다. 대체로 에우트로피우스는 명민하고 정치적 감각이 뛰어난 자여서 업무 처리도 능란했을 터, 그에게 맡겨서 일이 잘 풀리면 그것으로 다소 안이한 태도를 지니고 황제의 일을 했을 가능성이 있다.

또한 당시 권력 구도에서 황제가 고립되지 않기 위해, 그리고 자신의 입지를 구축하기 위해 그를 당연히 도와야 하는 에우트로피우스에게 활동 반경을 더 많이 부여함으로써 그를 압박할 정도로 지나친 후견을 하던 루피누스를 견제하고자 했을 것이다. 이는 중국사에서도 흔히 나타나는 환관의 세력 정치적 면이다.

여기에 한 가지 더 따져볼 것은 사료들에서 황제가 마치 잘 길들여진 애완동물처럼 유명무실하였다고 하는 대목이다. 이것을 다 수용하기엔 의심이 가지만 앞에서 전반적으로 황제의 입지가 매우 불안정하고 그가 의지하는 환관이 뒤를 받쳐주면 경우에 따라 그는 환관의 말을 고분고분하게 잘 듣는 자로 환관을 싫어하는 문헌 기록자들의 눈에 비칠 수 있을 것이다. 어느 정도는 이 어린 황제가 자주성 없이 환관에 의존하는 식으로 초기 통치를 시작하고 이어갔을 가능성은 다분하다고 보인다.

에우트로피우스의 추락

그러나 강한 권세를 누리던 에우트로피우스의 위기는 의외로 이른 시기에 오고 만다. 이것은 그의 급속한 출세 및 권력 구축이 씨가 된 듯하다. 궁에서는 아주 다양한 세력 집단들이 존재한다. 아무리 에우트로피우스가 자기의 지지자들로 궁을 개편하고 관직자 임명에 영향을 준다고 해도 아주 많은 반대 세력을 일일이 통제해 낼 수는 없는 법이다. 399년이 되면 비록 콘술의 자리에까지 오르긴 했지만 그 자리가 정점에 도달한지라 더 이상 오를 수 없는 지점이 되고 말았다.

가장 큰 문제는 당시 그가 추진하던 대외 정책이 순조롭지 않게 흘러간 데 있다. 제국 도처에서 크고 작은 반란이나 소란이 일어났고 수월하게 이를 제어하지 못하게 된 것이다. 트리비길데스 Tribigildes 가 일으킨 반란을 진압하러 파견된 장군 레오(이전에 언급한 군대 장관)가 패전을 하자 이 사건은 에우트로피우스 위신에 치명타를 가한 것이다. 이후 서로마의 가이나스가 동서 로마 간의 분쟁 해결을 위해 문제적 인간 에우트로피우스의 인신을 내놓으라고 압박을 가하고, 황비인 에우도키아마저 황제에게 가족 일에 대한 환관의 지나친 개입을 분노로써 규탄하게 되었다.

상황이 너무도 막다른 골목으로 치닫게 되었다. 하는 수 없이 황제는 이 환관을 지중해의 외딴 섬 키프루스(사이프러스)로 유배를 보냈다. 하지만 에우트로피우스를 반대하는 조정의 많은 유력한 관직자들이 이 기회를 놓치지 않고 그의 처형을 강하게 요구하기에 이르렀다. 이에 에우트로피우스는 칼케돈 Chalcedon 에서 '국가반역죄'라는 죄명으로 형장의 이슬로 사라지게 되었다(조시무스, 5. 18; 소크라테스, 『교회사』 8권 7장, 필로스토르기우스, 『교회사』

결국 390년대의 에우트로피우스도 앞 세대의 유력한 환관 에우세비우스의 전철을 밟은 듯 보인다. 더 이상 황제로부터의 지지가 공고해지지 않는 때에 정치적 역공을 당하고 제거된 것이다. 한 가지 다른 점은 에우세비우스가 황제가 죽은 직후에 정적에 의해 일사천리로 위기에 몰려 제압이 되고 처형된 데에 비해, 에우트로피우스는 황제가 여전히 재위에 있긴 했으나 주변의 아주 많은 불만과 반대에 부딪혀 바로 그 주군에 의해 팽을 당했다는 것이다. 이것이 바로 일시적인 세력에 머무를 수밖에 없는 환관 권력의 요체라고 할 수 있다. 에우트로피우스는 한낱 부나비에 불과한 영예를 누리고 가뭇없이 사라지고 만 것이다.

399~441년 사이의 로마 궁정에서 환관의 동향

399년에 아주 막강한 정치적 위세를 휘두른 선임환관이 사라진 이후 다시 그 정도로 눈에 띄는 위력을 지닌 정치적 환관이 등장하기까지 긴 시간이 흐른다. 441년이 되면 로마 황궁에 장차 근 10년 정도 세도를 누릴 문제적 환관 크리사피우스Chrysaphius가 수면 위로 올라온다. 그렇다면 그 사이의 시기에 로마 환관들이 단지 본연의 임무에 충실하는 정도로 지냈던 것일까?

대략 40년간을 정리하면 408년 이래 서로마 정치계의 큰 변화인 스틸리코의 실각 및 몰락에 따른 환관 활동상이 다소 보이고, 430년대 네스토리우스교를 둘러싼 혼란기에 금전 수수 스캔들에 매우 많은 환관이 연루된 것을 볼 수 있다. 대체로 에우세비우스, 에우트로피우스에서 보였던 굵직한 세력 정치와 같은 느낌은 없고 혼란스러운 정치 분위기 속에서 환관들이 자연스럽게 엮이는 인상을 준다.

408년 무렵이 되면 오랫동안 후견인 역할을 하면서 황제에게 강한 압박을 가하던 스틸리코의 전성기가 기울게 된다. 400년 이래 잦은 외침을 막아내기 위해 전장에 자주 나가 군을 지휘해야 했던 스틸리코는 점점 정적들의 견제 및 중상모략에 휘말리게 되었다. 궁내 고위관직자 올림피우스Olympius는 스틸리코가 고트족과 연합하여 모반을 꾀한다는 식의 거짓 보고를 하면서 판단력이 흐린 황제 호노리우스를 스틸리코와 이간시켰다. 그 결과 스틸리코는 전 가족이 처형되는 불행을 당했다.

이 과정에서 데우트리우스Deutrius 나 테렌티우스Terentius 등의 서로마 환관들은 스틸리코에 대한 충성을 지켜서 그의 아들 에우케리우스Eucherius 를 피신시킨다든지 혹은 붙잡혀가서도 죽음에 이르도록 고문을 당하고도 스틸리코에 대한 절개를 지키는 모습을 보여준다. 이는 동서고금의 충실한 환관의 이미지를 그대로 보여주는 대목이기도 하다. 사실 환관들은 탐욕, 협잡, 정치적 음모 등에 연루되는 이미지가 세계사에서 주로 알려진 바 있다. 그러나 공정한 재판을 하는 판관 혹은 위기에도 목숨을 바쳐 주인을 위해 의리를 지키는 등의 모습도 보여주었다.

그런데 이 글에서 한 가지 짚어야 하는 것은 환관에 대한 부정적 이미지 중 금품 수수와 같은 고착적인 병폐를 로마에서도 찾아볼 수 있다는 점이다. 430년대 로마 사회를 충격의 도가니로 몰아넣은 키릴Cyril 이라는 야심만만한 성직자에 의한 환관 매수 계획은 당시 환관의 지위가 매우 높았음을 반증한다.

북부 아프리카 최북단(오늘날의 이집트)에 위치한 알렉산드리아Alexandria 는 지중해 생활권에 있어 동서를 연결시키고 교역을 원활하게 해주는 지정학적으로 매우 중요한 도시이다. 우리가 잘 아는 대로 마케도니아왕 알렉산드로스 대왕이 기원전 330년 이래 들어와서 이곳을 점령하였고 대체로 현지의 주민들을 포용하는 정책으로 환대를 받은 곳이다. 당시 알렉산드로스는 이 도시에 자기 이름을 붙여 알렉산드리아로 불렀다. 알렉산드로스의 땅이라는 의미이다. 그 이후 이곳은 서양 고대를 거쳐 오늘에 이르기까지 매우 중요한 상업 및 문화의 중심지이다. 서로마제국이 거의 몰락에 이른 서기 5세기에도 여전히 이곳은 문명의 중심지 기능을 했다. 기독교가 번성하게 된 이후로는 교회가 들어서서 역시 로마 전체에서 주도적인 역할을 했다.

이곳의 교회 업무 담당 총책임자이던 대주교 키릴은 당시 유행하고 있던 기독교 신학의 매우 세부적인 면에 깊이 파고든 콘스탄티노폴리스의 대주교 네스토리우스(386~451년)와 심각한 교리 분쟁을 벌였다. 서로마제국에 비해 동로마에서는 니카이아 신조에 대한 강한 신념이 덜한 편이어서 네스토리우스가 주장하는 교리에도 대체로 관대한 편이었다. 사실 테오도시우스 2세 역시 네스토리우스의 편을 드는 경향을 보여주었다. 그렇다면 삼위일체설을 강조하면서 성부, 성자, 성령은 3위인 동시에 일체라는 설에 비해 네스토리우스의 신에 대한 인식은 어떠했을까? 근본적으로는 크게 다른 것은 아닌데 한 가지 면에서 매우 독특하면서도 기존의 보수적인 신앙을 믿는 자들을 어리둥절케 만들었다.

그는 그리스도의 존재 상태에 대해 다소 다른 의견을 보인다. 예수 그리스도는 신성, 인성 모두를 지니긴 하지만 하나의 몸에 두 개의 위격hypostasis이 각기 들어 있다고 네스토리우스가 주장했다고 하는 것이다. 그러나 이러한 주장을 실제로 네스토리우스가 했는지에 대해서는 의견이 분분하다. 정통 교리를 주장하는 자들에 의하면 한 몸에 두 개의 위격이 일체로 들어 있어야 하는데 네스토리우스는 각기 존재한다고 의심을 받은 것으로 보인다. 이 미미한 차이는 당대에는 너무 심각한 문제로 여겨져서 교회는 장기간 누가 맞는지를 놓고 논란을 벌였다.

이 논란에 종지부를 찍은 것이 에페수스에서 열린 제1차 에페수스 공의회였다. 즉 431년 이 동방의 도시에서 교회 지도자들의 회의를 열어 이 문제를 논의하고자 했는데 미처 동방측 교회 인사들이 오기도 전에 서방의 교회 참석자들이 네스토리우스에 대한 공식적 결정을 내려버리는 사태가 벌어졌다. 서로마교회 당국은 네스토리우스의 주장을 이단으로 규정하고 그 신앙을 금지시켰던 것이다. 당시 이 회의에서 네스토리우스 교리를 신랄하게 규탄한 자가 바로 키릴이었다. 너무 논쟁이 뜨겁고 키릴, 네스토리우스의 지지세력 간의 분쟁이 깊어지는 탓에 황제는 두 사람을 모두 직위 해제시켜버림으로써 교회 내부의 분열을 막고 과열된 분위기의 냉각을 도모했다. 하지만 네스토리우스파는 내내 강한 불만을 제기했고 탄압을 당하면서도 반등을 도모했다.

여기에 바로 5세기 교회 역사상 깜짝 놀랄 만한 사건이 벌어진 것이다. 당시 직위를 해제당했던 키릴이 다시 복직을 꿈꾸면서 벌인 일이 바로 테오도시우스 2세 황실의 측근 인사들을 포섭하는 작전이었다. 이를 위해 키릴은 명단을 작성해서 매수하는 데 드는 금액을 일일이 설정해 두었다고 전한다. 이에 대한 자세한 이야기는 키릴 밑에서 일하던 알렉산드리아 교회의 부주교Archidiacon이던 에피파니우스 Ephipanius가 콘스탄티노폴리스의 주교에게 보낸 431년의 편지에서 드러난다. 그가 주로 매수한 자들 중에 선임환관들이 아주 많다는 것이 특징이다. 테오도시우스 주변에서 총애를 받으며 궁내 큰 영향력을 과시하던 마크로비우스Macrobius, 크리세우스Chryseus와 파울루스Paulus 등이 포섭 대상으로 명시되어 있고 심지어 매수에 쓰일 금액도 적혀 있었던 것이다. 키릴에 의한 선임환관의 매수에 대해서는 교회 공의회 관련 서류에서 발견된다. 이것을 '악타 콩킬리오룸 오이쿠메니코룸Acta conciliorum oecumenicorum'이라고 부른다. 이 라틴어는 '복음주의 교회의 공의회의 기록문서'라는 의미이다.

이러한 환관들이 연루된 테오도시우스 2세 치하 로마제국 교회의 내부적인 분란과 대립은 이후 이어지는 유력한 환관 크리사피우스의 행적과도 무관치 않다. 그도 네스토리우스 이론의 신봉자여서 그 자신의 신념을 지키기 위해 과감하게 황제를 그의 신앙적 노선에 동조케 함으로써 정치세력화하는 길을 모색하게 된다.

크리사피우스

크리사피우스의 등장

문헌에서 크리사피우스(441~450년 선임환관직 역임) 이름이 보이는 것은 대략 441년이 될 시점이다. 이 시기는 로마제국에서 431년 에페수스 공의회의 결정사항이 실행되면서도 동로마 일대에서 거센 반발이 일던 때이다. 이론적으로 네스토리우스의 주장에 동조하는 자들이 적지 않게 있었던 것이다.

공식적으로는 네스토리우스의 교의는 문제시되고 이단으로 규정되어 그 교의를 따르는 공적인 활동은 불가하였다. 그런데 이 무렵 황궁에서는 황제의 신임을 받는 네스토리우스 신자가 있었으니 바로 환관 직분자인 크리사피우스였다. 그는 황제의 검sword 을 관리하던 자였다. 이 일의 정확한 책무는 알려진 바 없으나 제국 통수권자의 권위의 상징인 검을 담당하는 것 자체가 황제와 개인적으로 신뢰 관계에 있는 자라는 것을 알게 해준다.

그의 정확한 직책은 스파타리우스spatharius 로 불렸다. 비록 역사의 기록에 명시되어 있지는 않지만 학자들은 대체로 그가 선임환관, 즉 PSC였을 것으로 본다. 일명 츄마Tzuma 라는 별칭으로 불리기도 했다. 그는 자신의 신앙을 저버릴 수가 없어서 황제를 설득해서 동로마에서 네스토리우스 신앙을 유지토록 하는 데 사력을 다했다. 이는 문헌에서 보이듯이 그가 최후의 순간까지 황제 주변에서 네스토리우스교를 옹호하고 이 신앙이 압제되지 못하게끔 다각도의 노력을 한 데에서 알 수 있다. 그런즉 앞서 살펴본 4세기 콘스탄티우스 황제의 신임을 받던 아리우스적 기독교 교의를 추종한 에우세비우스의 경우와 흡사한 면을 발견하게 되는 것이다.

초기의 전략: 궁중 여인들을 이간시키고 제거하다

그의 권력 쟁취 전략도 앞서 본 에우트로피우스의 경우처럼 매우 계획적이다. 그는 궁정에서 권력 관계의 흐름을 잘 알고 있었던지라, 황제 이외의 핵심적 세력을 꿰뚫어 보고 있었다.

그는 우선 가장 적대적인 위치에 있던 황궁 내의 영향력 있는 인물부터 제거해 나갔다. 테오도시우스 2세의 두 살 더 많은 누이인 아일리아 풀크리아Aelia Pulchria 가 크리사피우스의 권력 행보에 걸림돌이었던 것이다. 크리사피우스에게 문제가 된 것은 풀크리아가 아우구스타Augusta 라는 직위를 가지고서 교회 정책을 주도적으로 담당했기 때문이었다. 네스토리우스교를 신봉하던 크리사피우스로서는 정교회의 이념을 관철시켜가던 풀크리아가 피할 수 없는 적이었던 것이다.

풀크리아는 고대의 역사 기록에서 매우 카리스마적인 인물로 이해된다. 408년 아르카디우스가 죽은 이후 권력을 승계해야 하는 때에 불과 7세의 어린 소년이던 테오도시우스는 마찬가지로 아주 어린 누이의 보호를 받으며 황제로서의 직무를 수행했다고 전해진다. 주로 황실에 우호적인 필치를 휘두르는 그 시대의 기록을 전적으로 믿을 수는 없어도 이 궁중 여인의 위세나 황실 후손으로서의 태도는 매우 당당했던 것으로 보인다.

풀크리아는 그의 동생이 주변 인물들의 농간에 놀아나지 않도록 강하게 정사에 개입했으며 나름 자신의 세력 기반을 다져갔다고 전한다. 언제나 부모와 같은 심정으로 동생을 챙겼고 세월이 흘러 동생의 부인을 간택하기 위해 본인이 주도해서 아테네로부터 유명한 가문의 규수 에우도키아 Eudocia 를 데려와서 혼인을 맺어줄 정도였다. 그런즉 궁에서는 황제보다 풀크리아의 존재감이 더 느껴지던 터였다. 당연히 장차 본인의 정치적 입신과 네스토리우스 교의의 보존을 위해 반대의 신앙적 노선을 지니는 풀크리아를 환관 크리사피우스는 매우 신중을 기해 상대해 나갔을 것으로 판단된다. 284~813년에 해당하는 역사를 서술한 연대기 작가 테오파네스 Theophanes 는 당시 상황을 다음과 같이 서술한다.

> 그는 우선 풀크리아를 정치권 밖으로 내모는 일에 착수하였다. 이를 위해 풀크리아와 동서이던 테오도시우스 2세의 부인인 에우도키아 간의 불편한 관계를 이용했다. 그(크리사피우스)는 우선 궁의 생활에 미숙한 에우도키아에게 접근했다. 그녀의 고유한 어미에 맞서는 시기심을 불붙이면서 다음과 같이 제안을 했다. 그녀가 황제 앞에서 풀크리아를 비방하고 이로써 풀크리아가 궁중에서의 통솔을 위해 의무적으로 두고 있던 선임환관을 자신에게도 달라고 제언을 한 것이었다.

크리사피우스의 이간 작전은 두 사람의 분쟁을 일으키려는 데에 있다. 아우구스타라는 호칭은 황실에서 쓰이는 공식 칭호이다. 그 유래는 아우구스투스(기원전 27~기원후 14년) 시대로 거슬러 올라간다. 그는 집안 내에서 여인들, 특별히 총애하는 딸에게 그러한 명칭을 주었다. 아우구스투스는 남성명사로 황제와 같은 의미를 지니는 라틴어 명칭이다. 여기에 아우구스타라고 하는 것은 여성명사이기에 이는 여자로서 지배자와 같은 격의 존재라는 것을 상징한다. 그런즉 아우구스타를 받으면 단순히 지배자 누구의 딸, 아내 정도의 액면적 의미를 벗어나 권력에 있어 실제로 존중받는 느낌을 준다고 할 것이다.

풀크리아가 지닌 아우구스타를 그녀의 동서인 에우도키아가 가질 권한이 있다고 사주한 것은 황제 테오도시우스에게도 하나의 부담스러운 도발이었다. 전통적으로 뚜렷한 이유와 공적이 없이는 줄 수 없는 쉽지 않은 자리였던 것이다. 그래서 테오도시우스는 아내의 청을 수락하지는 않았다.

그런데 이후 전개되는 상황 속에서 이 환관, 크리사피우스는 두 여인 사이에 개입하여 풀크리아의 입장이 난처해지도록 부단히도 분위기를 조성하였다. 궁중 여인들의 라이벌 관계를 이용한 크리사피우스의 전략은 결국 성공을 거두어 풀크리아는 스스로가 교회 권력의 중심에서 물러나는 작전상 후퇴를 취했다.

크리사피우스의 정치적 야심은 이어지는 계략에서도 드러난다. 일차적으로 가장 부담스러운 정적인 풀크리아의 힘은 꺾어 놓았지만, 반사 이익을 취함으로써 궁에서 좀 더 막강한 지위에 놓이게 된 황후 에우도키아가 황궁 권력의 중심으로 더 나아가지 못하도록 막아야 했던 것이다.

크리사피우스는 에우도키아의 약점을 파고들었다. 그녀는 테오도시우스 2세의 친구이자 '마기스테르 오피키오룸'을 역임했던 파울리누스 Paulinus 와 내연 관계에 있었다. 443년 초에 크리사피우스는 이 관계를 황제에게 밀고했다. 그 결과 파울리누스는 처형을 당했고 에우도키아는 예루살렘으로 유배를 당했다.

교회 권력을 장악하기 위한 전략

황궁 내 막강한 두 여인을 권력의 중심으로부터 몰아낸 크리사피우스
는 그의 네스토리우스 신앙을 보존하고 나아가 교회 권력을 장악하기 위
한 전략을 펼쳤다. 그는 동방의 교회들에 같은 신앙적 노선을 지닌 이들
을 세우기 위해 노력했다.

447년에 새로 부임한 콘스탄티노폴리스 교회의 주교인 플라비아누
스Flavianus를 매수하려던 시도가 실패하자 그는 본격적으로 에우티케스
Eutyches, 디오스코루스Dioscorus 등의 교회 관련 인사들과 접촉하면서 네
스토리우스 신념을 대변할 자들을 요직에 앉히기 위해 테오도시우스 황
제를 설득했다.

황제가 크리사피우스에게 점점 더 기울게 되자 이것은 동로마뿐만 아
니라 서로마에서도 큰 반향을 초래했다. 로마의 교황이던 레오Leo(440~461
년)는 동방교회들이 이미 430년대의 격렬한 교리 논쟁을 거쳐 거의 사장
되어 버린 네스토리우스의 교의에 물들지 못하도록 직접 나서서 크리사
피우스를 제거하려고 했던 것이다.

449년에 교회사에서 매우 중요한 '제2차 에페수스 공의회'가 열렸다.
여기서 테오도시우스의 신임을 받는 크리사피우스를 축으로 연합한 네스
토리우스 교의를 지지하던 이들이 승리하는 일이 벌어졌다. 이후 크리사
피우스는 교회 정책을 필두로 제국의 많은 정책에서 테오도시우스에게는
가장 입김이 센 정책 자문이 되었다.

특히 서로마 교회들과 교의 논쟁을 벌이는 서신 교환에 있어서는 심지
어 "크리사피우스가 불러주는 대로 황제가 문서를 작성했다"라고 교회사
가인 테오도루스 아나그노스테스Theodorus Anagnostes는 전한다. 약 50년
전에 에우트로피우스가 치세 초기의 어린 황제를 마음대로 조종한 것처

럼 크리사피우스도 마흔을 넘긴 중년의 황제 테오도시우스를 쉽게 그의 정치적, 종교적 목적에 이용했던 것이다.

외부 세력에 시달리는 크리사피우스 및 그의 말로

449년 2차 에페수스 공의회의 결과로 몇 년 전 크리사피우스의 농간에 의해 콘스탄티노폴리스의 교부직에서 해임된 플라비아누스Flavianus의 일도 회복되지 못했고 동방교회들에서는 네스토리우스 교의를 지지하는 자들이 주도적이 되어버렸다. 정치적으로는 황제의 든든한 신임을 받고 교회 정치에서는 콘스탄티노폴리스 대주교에 그의 끄나풀인 에우티케스Eutyches를 심어두었으니 크리사피우스의 네스토리우스적 신앙을 지키는 계획은 순탄히 진행되었다. 그가 구축한 세력 정치의 아성이 아주 견고해서 서방측의 대응 작전도 제대로 먹히지 않았다.

로마의 대주교 레오는 서방교회에 이러한 분위기가 부작용을 일으키지 않을까 하는 우려 속에 대응을 하였다. 서로마 황제 발렌티니아누스 3세(재위 425~455년)의 부인 리키니아 에우독시아Licinia Eudoxia 그리고 모친 갈라 플라키디아Galla Placidia에게 접촉하여 동로마 황실에 선을 넣기도 했고, 동시에 직접 동로마에서 힘이 꺾여버린 풀케리아에게도 자주 서신을 보내어 환관 크리사피우스를 견제하기 위한 연대를 촉구하였다. 비록 당시 크리사피우스의 권력 기반이 견고해서 이러한 시도들이 즉시의 성과를 거두지는 못했으나 점차 환관의 농간 아래 놓여 있던 테오도시우스가 현실 감각을 회복하는 데에는 기여한 듯하다.

실제 위세 당당하던 크리사피우스가 몰락하는 데 원인이 된 것은 낭시 복잡하게 얽혀 있던 동로마의 대외 관계에서 찾아야 한다. 대체로 '빅 3'의 외세들이 있었다. 동방의 대제국 페르시아의 왕 야즈드가르드Yazdgard,

게르만 부족 중 매우 전투력이 강한 반달족 Vandalians 그리고 아틸라 Attila 라는 왕으로 대변되는 훈족 등이 힘없는 동로마제국에 으르렁거리고 있었다.

처음에 크리사피우스는 적절한 외교적 수완을 발휘해서 이들의 지지를 등에 업고 나름 궁내의 정적들을 압제하는 듯했으나 이 외세들 간에 경쟁과 알력이 불거지면서 그로서도 대책이 없게 된 것이다. 크리사피우스가 정치적 곤란에 놓이게 된 구체적 발단은 매우 사소한 일이긴 하였으나 결국 그것이 그의 말로로 이어진 것이다. 크리사피우스는 아틸라의 측근 중 한 명에게 돈 많은 여인을 배우자로 주겠다고 한 약속을 어기고 소아시아의 산악지역 이사우리아 Isauria 출신 지인 중 한 명에게 주었다. 이후 아틸라는 테오도시우스에게 크리사피우스의 인신을 내놓으라고 윽박지르면서 로마 황실을 위협하기 시작했다.

이후 황제는 더 이상 환관에게 우호적 태도를 취하지 않고 현실적인 대응을 했던 것이다. 결국 테오도시우스 2세는 오랜 친분관계 가운데 자신이 중용한 궁내의 유력한 환관 크리사피우스를 내치는 결정을 하게 되었다. 그를 유배보냈고 그의 정치적 세력이 제압되는 조치를 취하게끔 된 것이었다. 450년 7월 26일 말을 타다가 떨어진 테오도시우스는 이내 곧 죽고 말았다. 이후 풀크리아가 궁의 통수권을 장악하는 데에는 시간이 얼마 걸리지 않았다. 문헌들을 종합하면 이 사건 이후 한 달 이내 풀크리아에 의해 붙잡힌 크리사피우스는 그가 해를 입힌 자의 어느 아들의 손에 넘겨져서 죽임을 당했다고 한다(테오도루스, 『교회사 요약집』 353).

우르비키우스

우르비키우스의 이력

우르비키우스(449~491년 선임환관 역임)는 선임환관으로 명시된 5세기 후반에 눈에 띄게 활동한 자이다. 문헌들의 기록들을 종합해보면 그는 대체로 430년대부터 490년대에 이르기까지 아주 긴 기간 활동한 것으로 보인다. 우선 그의 초기 이력을 알려면 단편적이긴 하지만 중요한 정보를 주는 중세 시대의 전기傳記를 보아야 한다.

중세의 칼리니쿠스Callinicus가 기록한 『히파티우스Hypatius 전기』를 보면 우르비키우스의 이름이 언급된다. 434년 궁에서 잡무를 담당하는 '궁인'이라는 의미의 쿠비쿨라리우스cubicularius라는 직에 있던 우르비키우스가 당시 콘스탄티노폴리스 출신의 부자 아이티우스Aetius가 영적으로 고통 받는 것을 보고(대체로 악령에 시달리는 것을 의미) 수도원 원장을 하던 히파티우스에게 부탁하여 이 자의 고통을 해결하도록 했다는 기록이 있다.

에페수스 공의회 회의록에는 에데사Edessa 지역의 대도시인 이바스Ibas에 대한 대대적인 조사가 이뤄지는 때에 크리사피우스 외에 관여한 선임환관들 가운데 이 우르비키우스도 있었다고 전한다. 440년대에 이미 그는 테오도시우스 궁에서 중시되는 선임환관으로 판단된다. 또한 6세기 문헌을 보면 그의 정치적 이력이 매우 길었음도 확인된다. 테오도시우스라는 이름을 지닌 작가가 기록한 기독교인들의 성지순례에 관한 기록에 우르비키우스의 정치적 이력의 주목할 사항이 강조되는 것이다. 이 기록에 근거하면 그는 무려 7명의 황제를 섬겼다는 것이다(Theodosius, *De situ terrae sanctae*, p.148).

그의 활동 사항의 특징은 여느 다른 로마의 정치적 파장을 일으킨 환관들과 달리 주로 그가 섬기는 지배자를 위해 긴요한 상황에서 기지 넘치는 판단력과 군사 동원 능력 혹은 작전 수행 능력으로 소기의 효과를 달성하면서 지배 권력이 유지되고 안전하게 되도록 충성을 했다는 데에 있다. 이는 대체로 그의 활동의 성격을 긍정적으로 볼 수 있는 강점이다.

서기 5세기 로마 궁의 상황 및 전체 역사의 흐름

우르비키우스의 활동 배경을 이해하기 위해서는 복잡다단한 동서 로마의 정치적 상황을 역사적 흐름에 맞추어 미리 살펴야 수월하다. 우르비키우스가 보여주는 복잡한 정치 세계에서의 기민한 행동 및 활약상은 470년대 이후에 주로 보인다. 470년대 우르비키우스의 활동상을 이해하기 위해 어느 정도 우리는 풀크리아가 정치권력을 회복한 시점, 즉 유력했던 환관 크리사피우스가 축출된 이후부터 로마 정치권의 권력역학의 관계를 살펴볼 이유가 있을 것이다. 이를 위해 풀크리아의 남편 구실을 했던 마르키아누스 Marcianus(재위 450~457년)가 죽은 이후부터 살펴보자.

마르키아누스가 죽자 당시 궁의 실세였던 게르만계 출신인 아스파르 Aspar 는 서로마로 가서 황제인 안테무스 Anthemus 에게 건의하여 후계 황제로 자신의 친한 군대 장교인 레오 Leo 라는 자를 세우게 만든다. 유의할 것은 457년 이전에 이미 동서 로마는 외세의 개입과 영향력이 아주 강해져서 인간 관계가 친인척으로 마구 얽혀 있었다는 점이다. 즉 안테무스는 죽은 마르키아누스의 사위이기도 했다.

자신의 측근을 동로마 황제에 세운 아스파르는 자신의 아들들을 정치권력에 두면서 철저히 자신과 가족의 정치적 입지를 다져갔다. 역사학에서는 그를 가리켜 '황제 옹립 해결사 Kaisermacher '라고 칭했는데 이처럼 매우 노골적인 권력욕을 불태우면서 그의 세 아들들 모두를 각기 447, 459,

465년 콘술에 오르게 하였다.

그런데 대략 466년이 되면 아스파르에게 부담을 주는 새로운 세력이 부상하게 된다. 소아시아 지역의 이사우리아 출신들이 대거 궁의 요직을 차지한 것이다. 제노Zeno라는 두목이 대표적인 인물이다. 그는 이미 447년에 동로마를 괴롭히던 아틸라에 맞서 군대를 보내 동로마를 지키는 역할을 하면서 동로마 황제 테오도시우스의 총애를 얻었다.

게르만계인 아스파르의 세력과 이사우리아계인 제노라는 양대 세력 사이에서 새로 황제가 된 레오 1세(재위 457~474년)는 주로 이사우리아에 의지하여서 아스파르의 압박을 덜고자 한 것으로 보인다. 동시에 이 두 세력이 대립하게 하여 빈 공간을 파고들어 스스로의 권력을 좀더 안정화시키고자 했던 것도 같다.

467년 레오는 그의 딸 아리아드네Ariadne를 제노에게 시집 보내 정략적 기반을 다졌다. 그런데 여기에 또 하나의 세력이 호시탐탐 동로마 권력을 노리고 있었다. 바로 레오의 아내 베리나Verina의 남동생 바실리스코스Basiliscos였다. 그는 동서의 로마 황제들이 반달족의 수장 기제릭Giserich의 압력에 못 견뎌 이에 맞서는 합동 군사 작전을 할 때에 동로마 레오가 믿고 군대를 준 자이기도 했으나 제대로 성공적으로 임무를 수행하지 못하여 위신이 실추되기도 했다.

474년 초 레오가 죽고 제노와 아리아드네가 낳은 아들 레오(레오 1세와 동명)에게 권력이 주어졌으나 이 어린아이는 같은 해 가을에 죽었다. 그래서 황제의 자리가 제노에게 자동으로 넘어가는가 했으나 제국의 신민들이 외국계 제노에게 권력이 주어지는 것을 반대하는 분위기가 거세지는 틈을 타서 바실리스코스가 개입하였다. 바실리스코스는 제노를 쫓아내고 일시적으로 권력을 거머쥐었으나 476년에 다시 내쫓기면서 결국 처형당하는 운명에 처하게 된다. 이제 제노는 491년에 죽을 때까지 동로마의 황제로 군림할 수 있게 된 것이다.

우르비키우스의 정적 제거 임무

이제 471년과 475년에 우르비키우스가 개입했을 가능성이 있는 비밀스러운 요인제거 작전에 대해 잠시 살펴보겠다. 이미 언급한 바 있는 매우 강한 권력을 휘두른 게르만 출신 아스파르는 471년의 테러에 의해 유명을 달리했다.

많은 문헌이 이 사건을 다루는데 당시 아스파르를 제거하기 위해 황제 레오, 바실리스코스, 제노 등이 연합했다고 한다. 그들은 아스파르와 그의 측근들을 성대한 식사에 초대하였고, 이후 방심한 틈을 타서 일군의 환관들이 들이닥쳐 기습적으로 테러를 자행했다고 전한다. 이러한 기습도발의 명분은 아스파르가 황제를 모해하려고 했다는 것이었다. 이 사건에서 아스파르와 그의 장남 아다부르Adabur 는 현장에서 살해되었다. 여기서 우르비키우스가 개입했을 것으로 보는 이유는 당시 그가 선임환관직에 있었기 때문에 테러에 동원된 궁의 환관들이 우르비키우스의 책임하에 일을 벌이지 않았나 하는 것이다.

또 하나 우르비키우스가 관여했을 것으로 보는 공작은 475년의 제노가 바실리스코스에 의해 공략을 당하던 사건과 연루된다. 뚜렷한 증거 자료는 없어도 우르비키우스가 바실리스코스 편에 가담해서 외국계 지배자 제노가 권력을 쥐는 것을 방해했을 것으로 보는 것이다. 그러나 이 작전이 실패하자 우르비키우스는 다른 자들처럼 곧바로 지지 입장을 바꾸어 제노에게 충성하는 포즈를 취하게 되었다. 아마도 권력을 잡은 자를 굳이 더 반대하는 것은 환관에게는 절대 불리한 일이었을 것이고 장기적 전망에서 제노에 대한 치자로서의 신임은 있었을 것 같다. 이는 이후 우르비키우스가 제노의 아내 아리아드네의 부탁을 자주 들어주는 협력적 태도를 보이는 데에서 유추할 수 있다.

일루스 제거에서 공을 세우다

481년에는 사료에서 우르비키우스가 개입한 것이 확실해 보이는 유사한 권력 암투에서 해결사 역할이 보인다. 그 배경이 되는 것은 앞서 본 것처럼 제노가 바실리스코스로부터 일시 쫓겨났다가 반격해서 권좌를 되찾는 데에 이사우리아 출신이자 그의 삼촌인 일루스Illus 의 공이 컸었다. 그런즉 이때부터 일루스는 궁에서 강한 입김을 행사하는 권력자가 되어 버린 것이다. 바실리스코스의 모반에서 그를 도운 바실리스코스의 누이이자 제노의 장모이기도 한 베리나는 징벌로 제노에 의해 추방을 당해 일루스의 감시를 받으며 갇혀 지내게 되었다.

비운에 잠긴 베리나는 딸 아리아드네에게 도움을 구하는 편지를 보내게 되었으니 모친을 위하는 마음에서 아리아드네는 이 일루스를 제거할 수단을 강구하게 된 것이다. 그녀는 황실에 협조적이면서 궁의 오랜 경험을 통해 이러한 일에 능수능란한 우르비키우스를 떠올리게 되었고 그에게 부탁한 것이다. 아리아드네는 사실 이전에 남편인 제노에게 베리나의 석방을 간청했으나 그가 미온적 태도를 보이자 결국 일루스를 죽이려는 계획에 이른 것이다.

우리는 남아 있는 관련 자료 중 요하네스 말라라스Johannes Malalas라는 중세의 연대기 기록자의 글에서 당시 정황에 관한 자세한 내용을 보게 된다.

"그래서 아리아드네는 일루스를 모살하려는 계획을 세운 것이다. 그가 바로 그녀의 모친이 본국으로 돌아오는 것을 방해한 자인 것이다. 그리고 그녀는 환관인 우르비키우스에게 명을 내려 파트리키우스 신분이자 군대의 장관인 일루스를 죽이기 위해 자객을 데려오라고 하였다. 어느 시점에 말발굽 소리가 멎자 일루스가 제노의 환대를 받으며 다가갔다. 그는 외국에서 온 사신들을 접견하는 공간인 델픽스Delphix 궁으로 가고 있던 때였다. 그(일루스)가 궁내의 코클리아스Kochlias 라고 불리는 곳에 들어섰을 때에, 스포라키오스Sporacios 라고 이름하는 자(자객)가 검으로 일루스의 머리를 내려쳤다. 마치 그를 두 쪽으로 갈라버리기라도 할 듯이. 하지만 이 순간에 일루스의 검을 받쳐 드는 직분의 시종이 이 두 사람의 사이에 끼어들어서 자신의 오른손으로 그 검을 막으려고 했다. 검의 끝머리가 일루스의 머리통을 내려치긴 했으나 그의 오른쪽 귀를 베는 데 그치고 말았다."

(요하네스 말랄라스, 「연대기」15. 13)

이 사건으로 비록 일루스를 죽이지는 못했으나 그가 본국으로 돌아가게 만들었으며 쫓겨난 아리아드네의 모친은 석방되어 귀국할 수 있게 되었다. 471년, 475년 그리고 481년 모두 권력자 혹은 주군이 필요한 일에 우르비키우스는 신임 받는 유능한 환관으로 그의 임무를 충실히 감당한 것이다. 이러한 황실의 신뢰는 이후에도 계속되었다.

후계 황제를 위한 조언자

491년 4월 남편 제노 황제가 죽자 아리아드네는 후계를 놓고 고심하였다. 다시 그녀는 해결사 우르비키우스와 상의하였다. 여러 가지 면을 고려해서 우르비키우스는 그녀에게 다소 평범한 지위에 있던 자를 추천해 준 것 같다. 아나스타시우스Anastasius(재위 491~518년)를 밀어준 것이다.

이 사람은 선임환관의 휘하에서 일하던 궁내의 실렌티아리우스 silentiarius 직분자였다(이 직분은 비잔틴궁에서 궁내의 질서와 평온을 유지하는 임무를 위한 것으로 알려진다). 유추하건대 궁에서 이 시점이 되면 우르비키우스가 적어도 50~60년 정도의 생활을 한 것으로 보인다. 그렇다면 개인적으로 추천받은 자를 잘 알고 지냈을 가능성이 있다. 그가 잘 조절할 수 있고 경험을 통해 믿을 수 있는 자를 추천함으로써 권력을 장악했을 때 무난한 자를 세우고자 했던 것이 아닌가 싶다. 로마의 황실은 부단히 외세에 눌리고 본의든 타의든 주로 주변 세력에 의해 요동할 여지가 큰 구조적으로 복잡한 사회였으므로 그가 심사숙고하여 그다지 사회적 지위는 높지 않지만 믿을 만한 인사를 천거했던 것으로 보인다.

새롭게 황제가 된 아나스타시우스는 공개적으로 감사하는 마음을 우르비키우스에게 표했다고 한다. 그리고 황제 즉위식에서 우르비키우스의 손을 거쳐 황제의 관을 썼다고 한다. 당시 아주 고령이었을 우르비키우스의 인생의 황혼에 그는 자신이 천거한 자를 제국의 수장으로 세우는 영예를 얻은 것이다. 이것은 에우트로피우스가 콘술이 된 일 못지않게 정치사적으로 획기적인 사건일 것이다. 이후 우르비키우스는 499년 전후로 더 이상 궁에서의 활동 면모가 보이지 않는다. 기존의 사료들을 종합하면 대체로 늦어도 518년 이전에는 죽은 것으로 보인다. 로마의 일반적인 유력한 환관들에 비해 그는 앞선 에우세비우스 등의 권력을 휘두른 이들과 달리 정적에 의해 제거되지 않은 특이한 면을 보인다. 오랜 세월을 살다가 아주 고령의 나이에 죽은 것이다. 그는 황실을 성실히 섬겼고 사익을 챙기기 위해 역모를 도모하거나 문제를 일으킨 기록이 없는 깃에 근거하여 모범적인 환관의 삶을 살았다고 볼 수 있다.

로마 환관 이후는?

제 4 장

로마 환관 이후는?

거세의 끝없는 그림자

유럽 환관의 선구라고 할 고대 로마 시대의 환관들은 쉽사리 역사에서 사라지지 않았다. 우르비키우스 이후에 로마 황실에는 여전히 환관들이 나름의 일을 하고 있었다. 한 가지 여기서 알아둘 것은 서양사에서 476년 서로마제국이 게르만족에 의해 패망하고 중세 시대가 열린다는 사실이다. 하지만 그리스 지역 및 인근 근동에 동일한 국호를 사용하는 동로마는 존속했다는 점이다. 이제부터는 동로마의 환관만 해당된다.

지중해권의 동부에 위치한 동로마제국은 1453년 오스만투르크에 의해 수도 콘스탄티노폴리스가 함락함으로써 멸망하게 된다. 대략 1,000년 동안 이 제국은 남아 있었다는 것이다. 콘스탄티노폴리스의 옛 지명이었던 일명 비잔티움에 도읍을 정했다고 하여 비잔틴제국이라고도 불리는 동로마제국은 황궁에서 여전히 환관들의 봉사를 허용했다. 서로마제국의 멸망 이후 환관들의 활동의 면면은 본 글에서 주로 다룬 4~5세기 환관의 양상과는 좀 달라지게 되었다. 대체로 정치적 폐단이 될 정도로 환관의 비선정치적인 활동이 두드러지는 경우는 점점 줄어든 것이다. 비잔틴제국이 안정되어 가면서 환관들 역시 본연의 직무에 충실했던 것으로 정리할 수 있다.

비잔틴제국에서는 기독교가 꽃을 피우면서 교회의 다양한 활동들이 번성하였고 좋은 일도 많이 하였다. 이 시대에 많이 저술되는 성자聖者들의 이야기에서는 환관들의 선한 행실들이 자주 소개되고 있다. 기독교의 요체는 예수 그리스도의 무차별적이고 무조건적인 넓은 사랑이었다. 이것을 실천하기 위해서 지식인들, 기독교 관련 성직자들이 많은 모범을 보이던 때라서 궁에서 주로 그러한 박애, 자선의 일들을 주업무로 담당했던 환관들의 선행을 보여주는 미담들이 늘어갔다.

궁에 거세된 남자 인력들을 두면서 앞선 시대, 즉 고대에서처럼 일을 시키는 경우는 일단 있었을 것으로 보이나 이들이 특정한 정치세력이 되어 지나치게 정권이나 권력에 개입되는 사례들이 그다지 보이지 않는 양상이었던 것이다. 서유럽을 중심으로 환관활동을 보자면 중세 유럽을 주도한 세력은 게르만 부족이었기 때문에 생래적으로 그러한 양태가 나타나기란 어려웠을 것이다. 동로마에서도 이미 언급한 대로 좋은 쪽의 소문이 나는 경향이 강했던지라 중세 이래 환관들에 대해서는 심각한 정치 현상을 가지고 접근하는 것은 부적절하다. 중세 이후 본서에서 중점적으로 다뤄온 연구소재인 환관 혹은 거세된 자들의 현상이 어떻게 흘러갔는가 하는 것은 종래의 정치 및 권력관계의 영역에서보다는 실제 생활의 영역에서 다양한 양상으로 드러나는 것으로 파악된다.

16세기 이후 유럽 사회에서 드러난 환관의 현상은 – 정확히는 성기의 거세에 관한 – 궁이 아니라 교회와 음악에 관련된 분야에서 등장한다. 이탈리아 교회 성가대에서는 고음을 계속 유지하기 위해서 사춘기 연령 혹은 그 이전에 이미 남자아이들을 거세하는 풍습이 있었다. 그때에 거세를 해버리면 세월이 지나서도 고음을 계속 냄으로써 길게 음을 뽑았을 때에 시간이 흐르면서 음이 쳐지거나 가라앉는 현상을 막을 수 있었다고 한다. 이것을 흔히 옥타브를 지속적으로 높은 음으로 유지해야 하는 필요성이라고 하는데 전문적으로 노래를 하는 자들에게는 매우 중요한 요건이기는 하였다. 그러나 로마 교황청은 이러한 음악적인 의도의 거세를 사사로운 목적을 위해 하나님이 주신 귀한 신체를 훼손시킨다고 판단하였기에 금지법 안을 제정하기에 이르렀다.

그런데 유럽 이외의 지역에서도 성기를 거세하는 풍습들은 곳곳에 있었다. 아시아와 유럽의 중간 지대로 볼 수 있는 인도에서는 종교적인 이유로 거세를 했다고 전한다. 즉 금욕을 위해서 나아가 성적인 욕망을 억제하기 위해서 니르반 nirvan 이라고 부르는 완전 거세 혹은 부분 거세 emasculation 의 시술을 했던 것이다. 힌두교 경전에서는 이러한 거세의 행습을 지혜의 눈이 열리게 되는 '제2의 탄생'이라고 규정하기도 한다. 이때 시술을 행하는 집도자를 히즈라 hijra 라고 불렀는데, 이 당시에 그러한 일을 전문적 지식을 가지고 행하던 시술자는 전문직 종사자로 인정을 받았고 시술에 따르는 비용은 높았다고 전한다. 아랍 지역에서도 거세는 흔히 있는 일이었다. 아랍인들은 시술자를 마드즈부브 madjbub, 그리고 거세되려고 하는 자를(피시술자) 크하시 Khasi 라고 불렀다.

역사 속에서 종교적 신념으로 인해 극단적인 행동을 하는 경우를 왕왕 보게 된다. 여기서 거세의 관습을 그들의 확고한 생활 지침으로 삼은 특이한 기독교의 한 종파가 있었음을 주의해야 한다. 러시아의 스콥트시 Skoptsi 라는 종파는 자식의 생산 procreation 을 하나의 중대한 죄악으로 간주한 나머지 거세를 생활화한 것이다. 이들은 근대 기독교 역사에서 정결

purification을 이유로 거세를 실행했는데 그 규모가 어마어마했다. 이들은 대략 서기 1700년 직후 러시아에서 생겨나서 피오트르 황제의 부인 예카테리나Jekaterina에 의해 1762년에 추방을 당하기에 이르렀다. 대체로 교육을 받지 않은 빈농 출신들로 이뤄진 집단으로 알려진다. 심지어 계속되는 정부의 금지와 탄압에도 1920년경에는 10만이 넘는 신도들이 있었다고 한다.

자발적인 신념에 의해 스스로 거세하는 것이 아닌 방식으로 거세당하는 일이 최근에도 있었다면 매우 놀라운 일이 아닐 수 없다. 에릭 홉스봄이라는 20세기를 대표하는 영국의 역사가가 '극단의 시대Age of the Extreme'라고 규정한 20세기에 벌어진 잔인한 사건은 바로 세계대전이었다. 제2차 세계대전에서 나치즘을 표방한 독일 나치당의 만행에서 강제적 거세 행위들이 목도되는 것이다.

천성적으로 특정한 사람, 집단에 대해 혐오감이 강했던 문제적 인간 아돌프 히틀러Adolf Hitler는 유대인, 공산주의자, 정치적 반대자들 그리고 동성애자들 및 떠돌이 집시들Gypsis을 잡아다가 집단으로 죽이고 학대하고 노동을 시키는 등 만행을 저질렀다. 이 과정에서 이들에게 거세를 한 적도 있었다고 한다. 이 중 잡혀온 여인들에 대해서는 난소절제술ovariectomy을 가했다고 한다. 즉 나치들은 그들이 혐오하는 자들의 성기 능을 없애 버린 것이다. 같은 시간에 태평양전쟁에서 승리를 위해 광기 어린 발악을 하던 일본 제국주의자들은 그 지역의 여러 나라 젊고 어린 여성들을 강제로 잡아가서 성적인 범죄를 저질렀다. 그들의 필요에 의해 이 여성들에게 자궁을 들어내는, 인간에게 가해서는 안 될 천인공노할 범죄를 저지른 것이다. 이로써 20세기에 인류는 세계대전이라는 사건을 통해 독일, 일본의 군국주의자들이 남성, 여성 모두에게 성적인 학대를 범한 것이다. 이 현상은 단순히 전쟁의 결과로 포로를 잡아 거세하던 과거와는 다른 양상으로 거세가 이뤄진 인류사의 한 단면을 보여준다고 할 것이다.

이제 19세기 말 이래 지금까지 대략 150년 남짓 인류의 주된 관심사인 성의 정체성 문제를 거세와 관련지어서 생각해 보련다. 환관에 대한 연구가 이론적으로 전개되는 때에 피해갈 수 없는 테마이기도 하다. 환관을 건드리려면 우선 생물학적으로 거세가 어떻게 이뤄지는가를 다뤄야 하고 자세한 의학적 방법이 설명되어야 한다. 그리고 거세라는 개념을 남자에게만 국한시키지 않으면 여성도 거세를 당할 수가 있으니 여자에 대한 거세도 다뤄야 한다. 이러면서 성기능, 생식기 등을 주된 논의의 중심에 위치시키면 직간접적으로 관련된 세세한 곁가지의 이야기들도 참고할 필요가 있다. 우리는 대체로 1980년대 이래 성 담론의 시대에 살고 있고 현대 사회, 즉 2020년대를 살아가는 현시점에서도 시원하게 매듭을 짓지 못한 채 남녀라는 섹스의 문제와 그것을 외연에서 두르는 복잡한 성차gender 의 담론에 시달리고 있다.

본 글에서는 복잡한 성의 담론이 아니라 거세와 관련하여 일어나는 근현대의 현상들을 잠시 언급만 하련다. 환관을 만들려면 – 즉 거세하려면 – 거세 수술emasculation 을 행해야 한다. 여성의 경우 아이를 못 낳게 하려면 난소절제수술을 받아야 한다. 이들은 이후 성적인 정체identity 가 모호해진다. 남자도 여자도 아니기에, 혹은 좀 더 정확히 말하면 성이야 그대로 남지만 그것을 상징해주는 신체 기관이 결여되었기에 제대로 된 성sex 적인 존재로 대접받지 못한다.

그런데 이런 현상이 현대에 오면 거의 대부분 강제에 의해 결과된 것이 아니라 종종 태어나면서 그렇게 된다는 것이다. 남자로 태어나 오히려 여자 같은 느낌을 주는 목소리, 행동거지, 신체 상태를 지니는 경우가 가끔

로마 환관_권력과 욕망의 이중주

있고, 살아가면서 성적인 기능을 하는 신체 부분을 불의의 사고 등을 통해 상실하거나 훼손당하는 경우도 있다. 그래서 차라리 성을 바꾸어버리는 것이 살아가기에 더 편하고 덜 괴로운 경우, 발달한 현대 의술에 의해 성전환transsex을 해버리는 일도 있는 것이다. 한국 연예인 중에도 남자가 여자로 성전환 수술을 하고 여자로 공인되어 살아가는 사람도 있다. 출생 시 남녀 구분이 모호한 생식기를 가지고 태어난 캐나다의 쌍둥이 아이들은 성별을 분명히 하기 위해 수술을 받기도 했다. 이러한 이유로 미국에서는 1990년대 말 이미 간성학회間性學會, Intersex Society of America가 출범하기도 했다.

로마 환관 이후를 소개하면서 말미에 현대의 성 정체성 복잡화 현상을 언급하는 것은 어디까지나 로마 환관이라는 본 주제를 돌아보기 위함이다. 본질적으로 우리는 정체성이 혼란한 시대에 산다는 말이다. 더 이상 정치를 혼잡하게 하는 환관 세력이 없다고 해서 인류에게 있어 거세라는 현상이 주는 부작용이나 사회에 있어서의 문제가 해결되지는 않는 법이다. 남자의 상징, 기능을 꺾어버렸을 때에 이들은 힘 있는 유력자에게 가서 그들의 힘을 이용해서 자신의 잃어버린 인생에 대한 보상을 받은 것인지도 모른다. 오늘날 복잡한 시대와 고도의 문명사회 속에서 우리의 좌표를 잃어버린 자들이 환관이 아니라고 하더라도 정신과 마음에 황폐한 환관의 표식을 안고 살아가는지도 모르겠다. 로마 환관은 중세에 좋은 일, 기독교의 사랑을 실천하는 데 주력하는 모습으로 나아가기는 했으나 그들의 먼 후손들은 음악적 이유로 거세를 서슴지 않았고, 일부 극단적 종교 신자들은 종파의 신념을 위해 거세를 자처하기도 했으며 탄압을 받으면서도 그 신념을 지키는 모습을 보여준다. 우리는 앞으로 더 심각한 성 정체성의 도전을 받을 것이다. 그렇다면 로마 환관이 주는 교훈은 무엇일까?

나가며

거세와 환관, 권력과 욕망의 이중주

이제 로마 환관에서 빠져나와야 할 시점이다. 환관의 긴 역사에서 로마의 역사가 페르시아나 이집트 및 중국에 비하면 젊은 역사인 것처럼 환관사의 거의 마지막 구비를 돌아서면 로마도 환관을 그들의 사회에서 목도하게 되는 셈이다. 중국의 역사는 3,000년이 넘는 문명사이지만, 로마는 기원전 8세기에 겨우 흔적이 보이고 절정에 이르는 것은 기원전 3세기 정도는 되어야 한다. 게다가 환관이 정치적 위력을 보인 것은 서기 4세기에 가서 나타난 일이다. 다른 여러 문명권들에서 활용하고 경험한 환관제도를 늦은 시점에 써 먹은 셈이다. 이 글에서 언급한 대로 고대의 여러 고등 문명권들에서는 이 거세된 궁중 봉사 요원들을 대부분 보유하면서 요긴하게 활용하기도 했고, 폐단에 부딪쳐 환관들을 경계, 탄압하기도 했던 것이다. 아시리아에서도, 이집트에서도, 대제국이 된 페르시아의 궁에서도 환관들은 때때로 매우 강한 정치적 권력을 휘둘렀다.

로마인들은 처음에는 궁에서 요긴하게 부리기 위해 이 환관들을 데려와 허드렛일에 활용했다. 제한된 남자 하인들 외에 궁녀들이 감당하기에는 부적절하거나 불가능한 일들에 환관이 투입된 것이다. 환관들은 황제나 지배자에게 너무도 필요한 심부름꾼으로서 24시간 대기 상태로 있으면서 그의 주군의 필요를 채워주는 일을 맡아 했다. 로마에서는 그 사례가 없지만 동양에서는 중국, 한국의 옛 궁에서 임금의 성생활을 돕는 일도 했다고 알려진다. 왕이 궁녀의 침소에서 성관계를 하는 동안 환관이 문 앞에서 대기하면서 왕의 건강을 위해 오랜 시간이 지나지 않도록 성행위의 시간을 통제하기도 했다는 것이다. 또한 환관들은 매우 내밀하고 남사스러운 일에도 요긴하게 활용이 될 수 있는 존재였다.

이렇게 허드렛일을 하면서 비굴함도 극복하고 모멸감도 참으면서 환관들은 궁에서의 생애를 버텨나간 것이다. 로마 환관 에우세비우스는 왕의 비밀스러운 어명을 수행하는 특사가 되기도 했고 교회 일을 위임받아 황제가 설계하는 교회 정책을 완성하기 위해 주요 교회 성직자들을 만나 협상하는 중임을 수행하기도 했다.

에우트로피우스는 한 술 더 떠서 미령한 황제의 뒤에서 실세로 전체 로마의 통치에 큰 영향을 행사했고 마음대로 요직의 관직자들을 갈아치우고 자기가 꿈꾸는 궁의 관직체계를 구성하는 모략을 일삼았으며, 콘술이라는 최고위직에 올라 천하를 호령하는 기세를 보여주기도 했다. 우르비키우스는 중요한 일이 있을 때마다 황실의 부름을 받아 주로 요인들을 일시에 기습하여 제압하는 해결사의 역할을 하는 등 모사가로서의 기지와 수완을 발휘하여 궁내의 여러 외세들을 몰아내는 데에 공을 세우기도 했다.

이 글에서는 주어진 문헌의 내용과 상태 그리고 그 콘텐츠의 제한적 특성으로 인해 소재인 환관을 권력과 정치라는 관점에 집중하여 다루었다. 그들은 정책적인 목표를 위해 주도권을 행사하면서도 때로는 타인을 이용하기도 하고 간혹 당하기도 하는 모습을 보여주었다. 그들이 누린 평범한 사생활의 양상은 기존의 문헌들에서 드러나지 않는다. 일반 가정이나 고위직 관리의 집에서 쉽게 찾아볼 만은 하겠으나, 남아 있는 사료들은 환관을 경계하고 혐오하는 자들이 주로 기록한 것이어서 정치적으로 작용하는 로마 환관들의 모습만이 중점적으로 묘사될 뿐이다. 아시다시피 역사의 기록은 불가피하게 승자들에 의한 것이고 보존된 것도 기득권을 지닌 자들의 대변인들이 기록한 것이 대부분이기에 평범한 일상적 거세자들의 모습을 찾기란 거의 불가능한 일이다. 그런즉 권력의 공간인 황제의 궁에서 처신해야 했던 환관들이 무엇을 어떻게 왜 그렇게 행했는지를 살펴야 했던 것이다.

궁중 봉사의 목적으로 거세된 경우에는 거의 100% 타의에 의해 거세되어 노예 신분으로 매매의 대상이 된 처지였다. 궁에까지 이른 자들은 태생적으로 지적인 능력이 있거나 아니면 영리해서 사회적 조건을 극복하는 생존 본능이 뛰어난 탓에 잘 살아남아서 객관적으로 출중하다고 인정을 받았던 자라고 보아야 한다. 그런 탓에 자질과 재능이 있어야 입궁할 수 있었을 것이며, 그러한 자들은 황제의 궁에 들어가서 단순히 허드렛일이나 하는 데 그치지 않고 황실의 어린 자제들을 교육, 양육하는 교사의 기능을 맡아 신임을 받은 것이다.

이 환관들은 그들이 처한 제한된 조건으로 인해 억눌림의 해소를 위한 욕망이 강했을 것이다. 이것은 환관 심리를 연구하는 연구자들의 공통된 견해이다. 외국 출신이기에 궁에서 연고지가 같거나 혈육이 존재할 가능성은 거의 없으니 그들은 내내 외톨이 처지였고, 희망을 가지려면 그가 섬기는 주군이 그에게 잘 대해줌으로써 궁내 입지가 나아지는 것을 꿈꾸는 경우라고 보아야 한다.

그러나 중국과 로마는 궁의 조건 및 구조와 속성이 적잖이 달랐다. 중국 한나라 황조를 사례로 보면 전한기나 후한기 모두 미성년의 황제가 지속적으로 즉위한 이유로 미숙한 치자들이 주변 세력에게 조종될 가능성에 노출되어 있었다. 그런즉 황제는 그가 신임할 수 있는, 원래부터 친분이 있던 유년기부터의 지기^{知己}, 즉 궁의 환관들에게 의존하게끔 되었다. 환관들은 궁에서 그가 가까이 지내는 라인(인적 관계)을 통해 황제를 돕고 보위를 보증하도록 협력하였다.

이런 가운데 중국 황조는 특유의 권력 구도가 형성되었다. 황제와 환관을 축으로 하는 황제라인, 황제를 위해서 수렴청정을 하는 황태후 및 그의 측근들(즉 외척세력), 외척과 환관의 지나친 개입을 방지하려고 하는 관료세력들 등이 견고한 라이벌 구도를 형성하면서 수백 년 동안 이어지는 뿌리 깊은 권력 투쟁 구도가 진행된 것이다. 놀라운 것은 황제들은 장수하지 못해 대략 30대를 못 넘기고 죽고 내내 후사는 엉뚱한 자가 책봉되는 악순환이 지속되면서 통치권 자체가 궁내 권력 투쟁의 손에 놀아나는 양태로 진행되었다.

로마의 황궁은 여성의 정치적 개입이 흔치 않았고 개입을 해도 그 범위가 제한적이었다. 그리고 환관들의 수치도 중국에 비해서는 압도적으로 소수였기에 환관 정치판으로 전락할 가능성은 구조적으로 미미했다. 그런즉 에우트로피우스는 특이한 경우로, 일단 어린 황제의 치세라는 것이 발판이 되었고 환관의 필요성을 자극한 매우 심한 관직자들의 권력 전횡이 있었기에 일시적으로 중국을 연상시킬 정도의 강한 환관의 정치적 개입이 가능해진 면이 있었다.

로마 환관들이 작용할 수 있었던 권력이나 영향력의 분야와 범위는 기독교 정책에 머무는 것으로 보인다. 환관들은 본인이 추구하는 종교적 신념을 지키는 욕망에 충실한 것으로 보인다. 이는 아리우스주의 신앙노선의 에우세비우스와 단성론자라고 불리는 네스토리우스 교의에 심취한 크리사피우스에게서 보이는 바이다. 그래서 교회 정책을 쥐고 흔드는 속에서 전체 로마 교회계가 발칵 뒤집어지는 격변이 일어나기도 했다. 황제는 귀가 얇거나 중도적 교회 정책을 일관되게 밀어붙이는 수밖에 없었던 탓에, 이 빈 공간에 환관들이 들어갈 여지가 생기는 것이었다.

로마 환관들이 원했던 바는 에우세비우스의 정치적 속셈을 율리아누스가 피력한 데에서 보이듯이 장기적으로 그가 내내 안전을 보장받는 방향으로 주군을 자기편으로 만드는 데에 있었던 것이다. 에우세비우스에게는 율리아누스가 예견 가능한 새로운 로마황제로 비쳤을 수도 있다. 당시 콘스탄티우스 2세는 내내 남자아이를 낳지 못하고 있었던 탓에 후계에 대한 고민은 깊어갔으며 콘스탄티우스의 자식이 황제가 되지 못하면 바로 에우세비우스의 입지에 불리한 영향을 미칠 것이 우려되던 배경이 있었던 것이다. 그렇다면 율리아누스의 힘이 더 커지기 전에 막는 일이 환관 에우세비우스에게는 더 급한 일로 볼 수 있는 것이다. 그래서 이 두 사람 간의 보이지 않는 대립 구도는 심화되었고 콘스탄티우스가 갈루스와 율리아누스를 정적으로 생각하는 때에 그에게 그 위험성을 더 심하게 강조했던 것이다.

관료주의 사회의 대표적 체제인 고대말 로마의 황궁에서 환관들은 면면이 그 존재를 유지했다. 황제의 유능한 행동책이자 밀사로서 재능을 보여주었다. 관료주의는 빈 공간이 있었다. 황제는 그의 정책을 옹호해주는 거수기들을 선호하였다. 이런 속에서 궁에서 황제의 고립은 커져 갔고, 자신의 측근들을 주로 신임하면서 다른 관료들과는 거리를 두게 되었다. 로마제국의 지배자는 고립과 고독 속에서 환관과 같은 비선세력秘線勢力들이 출몰하고 의외로 정치의 무대에서 주도적 이니셔티브를 쥐도록 길을 열어준 셈이다.

　로마시대 권력정치에서 강한 인상을 남긴 환관들의 면모를 관찰해보면 그들은 단지 욕망만 가득한 존재에 그치지는 않았다. 그들은 생의 질고를 겪으면서 험한 세파에 단련된 자들이었던지라 생존본능이 아주 강하여서 그들에게 오는 기회를 철저히 붙잡고 늘어지는 질긴 승부사의 면모를 보여준 것이다. 그들은 자신에게 대들거나 반대하는 자들을 당연히 정적으로 규정했고 이들과 황제를 중심에 놓고 지난至難한 파워 게임을 벌이게 된 것이다. 그러나 환관의 운명은 파리 목숨과 같이 덧없는 것이었다. 우르비키우스를 제외한 우리가 살펴본 세 명의 환관들이 주군이 죽거나, 혹은 정적들의 기세가 드세지게 되었을 때에 가뭇없이 제압되고 형장의 이슬로 사라진 것이다. 즉 주군이 죽어 없어짐으로써, 혹은 궁에서 그의 발언권이 무력해짐으로써 더 이상 환관의 든든한 방파제 구실을 할 수 없었던 것이다.

　권력이 있는 곳에서 좀 더 오래 운신하고자 했으며, 눌린 자로서의 울분과 비운을 극복하기 위해 욕망을 품었던 로마 환관들은 길지 않은 권력의 맛을 본 이후 결국 비운 속에서 역사의 뒤안으로 사라지는 모습을 보였다. 하지만 묵묵히 자기의 본업에 충실했던 자들은 주군의 인정도 받고 역사의 평가에서도 선량한 황제의 심부름꾼 혹은 시종으로 존경을 받기도 했다.

　우리가 살아가는 21세기, 지구상에는 셀 수 없이 많은 인구가 함께 살아가고 있고, 동시에 200개 국가가 넘는 속에 다양한 모습으로 공존하면서 오늘을 이루어가고 있다. 대한민국은 자유민주주의 국가로 의회주의 정체政體를 하고 합리적 통치, 즉 대화와 타협을 통한 소통의 통치를 지향하는 국가이다. 2014년 12월 박근혜 정권에서 한창 권력 누수 현상이 심각히 언론에 회자될 무렵, 문고리 3인방이니 뭐니 하면서 중국의 십상시와 같은 환관들이 우리에게도 있다면서 세간을 떠들썩하게 한 적이 있다. 그해 12월 첫 토요일 저녁, 한성대학교에서 중국과 로마 환관에 대한 비교 연구의 논문을 발표하고 아주 세찬 북풍한설을 맞으며 걸어가던 나에게 학회에 동석하였던 어느 동료 연구자가 내 논문을 보면서 한국정치의 십상시들을 연상해보았다고 전해주었다.

그렇다. 현대에는 거세된 환관들이 더 이상 없지만 부정적 환관의 이미지를 한 사이비 정치꾼들은 모든 나라에서 활개치고 있고 언제든지 미래에도 등장할 것이다. 로마 환관의 교훈 그리고 보편적인 고대 세계 환관의 교훈 중에서 과도한 비선정치에 개입하는 환관에 대한 경계는 해야 할 것이다.

거세된 성기에 거세된 욕망을 강제로 부여받은 환관들, 그들은 정치에서 나름 시원하게 보복의 나래를 편 것은 같다. 인간사의 비극인 거세와 환관. 무엇이 인간을 이토록 역동적으로 그리고 극적으로 변모시켰나? 역사 속에서 환관들은 로마에서만이 아니라 모든 곳에서 거세의 아픔과 분한憤恨을 겪었다. 그리고 일부의 능력있는 환관들은 천하를 뒤흔드는 황제의 비서실장이 되어 권력의 깊은 좌소에까지 나아갈 수 있었다. 그런데 그들의 이야기는 역사 속으로 다 사라졌다고 할 수 있을까? 환관의 역사는 긴 인류사가 우리에게 던지는 인간사人間事에 대한 깊은 질문이다.

참고문헌

▶ 1차 문헌

1) 중국 관련

Ban Gu (班固) (1970). 『Han shu (漢書)』, 12권, 중화서국, Hong Kong.

Fan Ye (范曄) (1971). 『Hou Han Shu (後漢書)』, 12권, Hong Kong.

Sima Guang (司馬光) (1962). 『Zizhi tongjian (資治通鑑)』, editiert von Shijie jiaoshi, Taipei.

Sima Qian (司馬遷) (1959). 『Shiji (史記)』, editiert von Zhonghua shuju, Peking.

Xu Tianlin (徐天麟) (1937). 『Dong Han huiyao (東漢會要)』, editiert von Wanyou wengu, Shanghai.

2) 로마 관련

ACO: Acta conciliorum oecumenicorum (1914). ed. E. Schwartz/J. Straub, Strassburg, Berlin.

Ambrosius (1968). *Epistulae et acta*, CSEL (Corpus Scriptorum Ecclesiasticorum Latinorum), Band 82/1, Wien.

Ammianus (1968−1971). *Res Gestae*, "Römische Geschichte", übersetzt vom Lateinischen ins Deutsche und kommentiert von W. Seyfarth, I−IV, Berlin

Candidus (1983). *Historia*, R.C. Blockley (ed.), The fragmentary classicizing Historians of the Later Roman Empire, Eunapius, Olympiodorus, Priscus and Malchus, Liverpool.

Cassius Dio (1961). *Historia Romana*, E. Cary trans. in English (Loeb), Harvard

University.

Claudianus (1992). *in Eutropium*, übersetzt vom Lateinischen ins Deutsche von H. Schweckendiek, Claudians Invektive gegen Eutropius Ein Kommentar, Hildesheim, Zürich, New York.

Codex Theodosianus (1905). Theodor Mommsen/Paul Martin Meyer (Hrsg.), Theodosiani libri XVI cum constitutionibus Sirmondianis et leges novellae ad Theodosianum pertinentes. 2 Bände, Berlin.

Eunapius Sardianus (1983). R.C. Blockley, (ed.) *The fragmentary classicizing Historians of the Later Roman Empire, Eunapius, Olympiodorus, Priscus and Malchus*, Liverpool.

Gute Nachricht Bibel (2000). Deutsche Bibelgesellschaft, Stuttgart.

Iulianus (1913). *Epistulae ad Athenai*, Wright, W.C., (ed.), The Works of the Emperor Julian, Harvard University Press.

Libanios (1963). *Epistulae*, R. Foerster, (ed.) Hildesheim.

Malalas, I. (2009). *Weltchronik*, übersetzt von Hans Thurn und Mischa Meier. Mit einer Einleitung von Claudia Drosihn, Mischa Meier und Stefan Priwitzer und Erläuterungen von Claudia Drosihn, Katharina Enderle, Mischa Meier und Stefan Priwitzer, Stuttgart.

Paulus Aegineta (1921/1924). *epitomes iatrikes biblia hepta*, J.L. Hilberg, (ed.), Corpus medicorum Graecorum 9.1 & 9.2. Leipzig.

Philostorgius (1981). *Historia ecclesiastica*, Kirchengeschichte, J. Bidez und F. Winkelmann (Hrsg.) GCS (Die Griechischen christlichen Schriftsteller der ersten Jahrhunderte), 3. Aufl. Berlin.

Plutarchos (1980). *Galba*, Große Griechen und Römer. Übersetzt von Konrat Ziegler, Band 6, München.

Scriptores Historiae Augustae (1965). Ernst Hohl, (Hrsg.): Scriptores Historiae Augustae. 2 Bände, Teubner, Leipzig.

Socrates (1995). *Kirchengeschichte*, Günther Christian Hansen (Hrsg.) Berlin.

Sozomenos (2004). *Historia Ecclesiastica*, Günther Christian Hansen (Hrsg.), Sozomenos Historia Ecclesiastica Kirchengeschichte, (Fontes Christiani Bd. 73). 4 Bände, Turnhout.

Suetonius (2001). *de vita Claudius*, in: Hans Martinet (Hrsg.), Die Kaiserviten/ Berühmte Männer, 246 Düsseldorf.

로마 환관_권력과 욕망의 이중주

Suetonius (2001). *de vita Nero*, in: Hans Martinet (hrg.), Die Kaiserviten/Berühmte Männer, Düsseldorf.

Tacitus (1997). Annalen, Lateinisch–Deutsch. Herausgegeben von Erich Heller. Mit einer Einführung von Manfred Fuhrmann (Sammlung Tusculum) 3. Aufl. Düsseldorf/Zürich.

Theodorus Anagnostes (1971). *Historia tripartita, epitome historiae ecclesiasticae*, recensuit, G.C. Hansen, GCS 54, Berlin.

Theophanes (1997). *The Chronicle of Theophanes Confessor. Byzantine and Near Eastern history A.D. 284 – 813. Übersetzt und kommentiert von Cyril Mango und Roger Scott.* Clarendon Press, Oxford.

Zonaras (2009). Thomas M. Banchich, Eugene Lane (ed.): The History of Zonaras. From Alexander Severus to the Death of Theodosius the Great. Introduction and commentary by Thomas M. Banchich. Routledge, London.

Zosimos (1982). *New History*. Ronald T. Ridley (ed.): Canberra.

▶ 2차 문헌
1) 중국 관련

Anderson, M. (1990). *Hidden Power: The Palace Eunuchs of Imperial China*, New York.

Beck, M. (1986). "The Fall of Han", in: *The Cambridge History of China*, vol. 1, London, pp.317–376.

Bielenstein, H. (1980). *The Bureaucracy of Han Time*, New York.

Cutten, R.J. & Crowell, W.G. (1999). *Empresses and Consorts*, Hawaii.

De Crespigny, R. (1967). *Factions in the Imperial Court of the Later Han: A Reappraisal*, Australian National Univ.

Dong, J.C. (1995). 後漢時代の政治社會, Higashi Shinji Japan 1995.

Dong, Z. (1972). *Han Social Structure*, Seattle und London.

Jugel, U. (1976). *Politische Funktion und soziale Stellung der Eunuchen zur späteren Hanzeit: (25-220 n. Chr.)* Wiesbaden.

Loewe, M. (1986). The Conduct of Government and the Issues at Stake (AD 57–167), in: *The Cambridge History of China*, vol. 1, London, pp.291–316.

Mitamura, T. (1970). *Chinese Eunuchs, The Structure of Intimate Politics*, Trans. in English, Tokyo.

Pulleyblank, E. (1957). "Chattel Slavery in China", *Journal of the Economic and Social History of the Orient*, pp.185—220.

Tsai, H. (1996). *The Eunuchs in the Ming Dynasty*, Albany/New York.

van Ess, H. (1993). *Politik und Gelehrsamkeit in der Zeit der Han:Die Alttext/Neutext-Konroverse*, Wiesbaden.

Wilbur, L. (1968). *Slavery in China during the former Han Dynasty 206 B.C.-A.D.25*, Anthropological Series Field Museum of National History, vol. 34, New York.

Yu, H. (1993).『中國宦官制度史』, Shanghai.

2) 로마관련

Albert, G. (1984). *Goten in Konstantinopel*, Paderbon.

Blockley, R. (1980). "Constantius II and his generals, in: Deroux, C., Studies in Latin Literature and Roman History II", *Latomus 60*.

Cameron, A. (1993). *Barbarinas and Politics at the Court of Arcadius*, Berkeley.

Christ, K. (2001). *Die Römische Kaiserzeit*, München.

Clauss, M. (1980). *Der magister officiorum in der Spätantike (4.-6. Jahrhundert). Das Amt und sein Einfluß auf die kaiserliche Politik*, München.

_____ (1984). "Urbicius, praepositus imperii", in: Vincenzo Giuffrè (Hrsg.), *Sodalitas. Scritti in onoredi A. Guarino*, Neapel 1984, vol. 3, pp.1245—1257.

Costa. E. (1972). "The Office of the "castrensis sacri palatii" in the fourth century", *Byzantion*, 42, 358—387.

Demandt, A. (1970). "Magister militum", *RE*, Suppl. 12, Sp.553—790.

_____ (2007). *Die Spätantike*, 2. Aufl. Berlin.

Dunlap, J. (1923). "Aspects of Roman Law and Administration, II: The Office of the Grand Chamberlain in the Later Roman and Byzantine Empires", in: Dunlap & Boak, E., *Two Studies in the Later Roman and Byzantine Administration*, London, New York.

Fischler, S. (1994). "Social Stereotypes and Historical Analysis: The Case of the Imperial Women at Rome", in: Léonie J. Archer (Hrsg.), *Women in Ancient Societies. An Illusion of the Night*, London, pp.115—133.

Frank, R. (1969). *Scholae Palastinae. The Palace Guards of the Later Roman Empire*, Rome.

로마 환관_권력과 욕망의 이중주

Gizewski, C. (1988). *Zur Normativität und Struktur der Verfassungsverhältnisse in der späteren römischen Kaiserzeit*, München.

_____ (1997). "Informelle Gruppenbildungen in unmittelbarer Umgebung des Kaisers an spätantiken Höfen", in: Aloys Winterling (Hrsg.), *Zwischen "Haus" und "Staat". Antike Höfe im Vergleich*, (HZ Beiheft 23) München, pp.113–149.

Guyot, P. (1980). *Eunuchen als Sklaven und Freigelassene in der griechisch-römischen Antike*, Stuttgart.

Haehling, R. (1978). *Die Religionszugehörigkeit der hohen Amtsträger des Römischen Reiches seit Constantins I. Alleinherrschaft bis zum Ende der Theodosianischen Dynastie*, Bonn.

Hartke, W. (1951). *Römische Kinderkaiser, Eine Strukturanalyse Römischen Denkens und Seines*, Berlin.

Hartmann, E. (2007). *Frauen in der Antike Weibliche Lebenswelten von Sappho bis Theodora*, München.

Holum, K. (1982). *Theodosian Empresses. Women and Imperial Domination in Late Antiquity*, Berkeley.

Hopkins, K. (1961). "Social Mobility in the Later Roman Empire", *CIQ*, 11, 239–249.

_____ (1978). "The Political Power of Eunuchs", in: Hopkins, *Conquerors and Slaves*. Sociological Studies in Roman History, Cambridge vol. 1, pp.172–196.

Hunger, H. (1986). "Der Kaiserpalast zu Konstantinopel. Seine Funktion in der byzantinischen Außen- und Innenpolitik" *JOEByz*, 36, 1–11.

Jones, A. (1964). *The Later Roman Empire 284-602. A Social, Economic and Administrative Survey*, 3 vols, Oxford.

Kelly, G. (2008). *Ammianus Marcelinus The Allusive Historian*, Univ. of Cambridge.

Kolb, F. (1987). *Untersuchungen zur Historia Augusta*, Bonn.

Kunst, C. & Riemer U. (2000). *Grenzen der Macht Zur Rolle der römischen Kaiserfrauen*, Stuttgart.

Laes, C. (2011). *Children in the Roman Empire*, Cambridge.

Leppin, H. (1996). *Von Constantin dem Großen zu Theodosius II. Das christliche Kaisertum bei den Kirchenhistorikern Socrates, Sozomenus und Theodoret*, Göttingen.

Matthews, F. (1989). *The Roman Empire of Ammianus*, London.

McLynn, N. B. (1994). *Ambrose of Milan. Church and Court in a Christian Capital*, Berkeley.

Mommsen, T. (1963). *Römisches Staatsrecht*, 2 Bände, Darmstadt.

Ringrose, K. (2003). *The Perfect Servant Eunuchs and the Social Construction of Gender in Byzantium*, Chicago.

Schlinkert, D. (1994). "Der Hofeunuch in der Spätantike: Ein gefährlicher Außenseiter?" *Hermes*, 122, 342–359.

_____ (1996). *Ordo Senatorius und nobilitas. Die Konstitution des Senatsadels in der Spätantike*, Stuttgart.

_____ (1996). "Vom Haus zum Hof. Aspekte höfischer Herrschaft in der Spätantike" *Klio*, 78, 454–482.

Scholten, H. (1995). *Der Eunuch in Kaisernähe Zur politischen und sozialen Bedeutung des praepositus sacri cubiculi im 4. und 5. Jahrhundert n. Chr.*, Frankfurt am Main.

Scholz, P. (1997). *Der entmannte Eros Eine Kulturgeschichte der Eunuchen und Kastraten*, Düsseldorf.

Sidèris, G. (2001). *Eunuques et pouvoirs à Byzance IVe-VIIe siècle*, unpublizierte Dissertation, Sorbonne Uni, Paris.

Simon, D. (1994). *Lobpreis des Eunuchen*, München.

Son, T. C. (2016). *Die Eunuchen am Kaiserhof in der Antike. Vergleich von chinesischen mit römischen Hofeunuchen in der Späteren Han-Zeit(88-189 n. Chr.) und im römischen Reich(337-491 n. Chr.)*, Münchner Dissertation.

Tougher, S. (1999). "Ammianus and the Eunuches", in: Drijvers, J. & Hunt D., *The Late Roman World and its Historian Interpreting Ammianus Marcellinus*, pp.64–73.

_____ (2008). *The Eunuchs in Byzantine History and Society*, London & New York.

Wieber-Scariot, A. (1997). *Zwischen Polemik und Panegyrik. Frauen des Kaiserhauses und Herrscherinnen des Ostens in den Res gestae des Ammianus Marcellinus*, Dissertation von Uni. Bochum.

Winterling, A. (1997). (Hrsg.), *Zwischen „Haus" und „Staat": Antike Höfe im Vergleich*, (HZ Beiheft 23), München.

_____ (1998). *Beiträge zur Erforschung des spätantiken Kaiserhofes*, Comitatus, Berlin.

▶ 중국과 로마를 비교하는 문헌

Atlas der alten Welt, (1998). übersetzt von Dietzfelbinger, 4. Aufl. München.

Auyang S. (2014). *The Dragons and the Eagles The Rise and Fall of the Chinese and Roman Empires*, New York.

Dettenhofer, M. (2006). "Das Römische Imperium und das China der Han-Zeit: Ansätze zu einer historischen Komparatistik", *Latomus*, 65, 879-897.

_____ (2009). "Eunuchs, Women and Imperial Courts", in: Scheidel (ed.), *Rome and China*, Oxford, pp.83-99.

_____ (2010). "Das Römische Reich und das China der Han-Zeit: Strukturvergleich", *GWU*, 61, S.71-81.

Scheidel, W. (ed.) (2009). *Rome and China*, Oxford.

Tougher, S. (ed.) (2002). *Eunuchs in Antiquity and Beyond*, London.

▶ 국내연구

박인수 (2003). 『환관: 황제의 비서실장』, 석필출판사.

사마천 (2007). 『자치통감』 5권, 6권, 7권, 권중달 옮김, 삼화출판사.

손태창 (2015). 「로마 황궁 소속 환관의 권력쟁취 전략: 에우세비우스, 에우트로피우스, 크리사피우스의 사례」, 『서양고전학연구』, 54(2), 121-145.

_____ (2015). 「로마와 중국 후한의 비교: 황제의 나이와 환관들의 정치적 개입의 관계」, 『서양고대사연구』, 40, 139-178.

_____ (2016). 「고대제국의 환관의 비교 - 후한과 4-5세기 로마제국 환관과 궁중여인의 관계 -」, 『대구사학』, 124, 271-308.

_____ (2017). 「로마 황제 티베리우스에 대한 타키투스의 서술 -주변적 요소들을 고려한 인물의 행태 변화에 대한 이해-」, 『지중해지역연구』, 19(4), 47-71.

_____ (2018). 「로마와 중국: 고대 세계 제국들에 대한 비교사적 관점들」 발터 샤이델 편집, 옥스퍼드 2009년 출간, 『지중해지역연구』, 20(4), 103-114.

_____ (2019). 「콘스탄티우스 2세에 의한 새로운 다자지배의 실험 - 갈루스의 카이사르 임명의 구조적 속성 및 의미」, 『서양고대사연구』, 55, 163-198.

_____ (2022). 「서기 4세기 콘스탄티우스의 현실정치 -우르시키누스의 정치적 활용을 통한 고찰-」, 『서양사론』, 153, 42-72.

_____ (2023). 「4세기 로마제국에서의 권력관계 -환관세력과 황제의 친척 간의 관계-」, 『세계 역사와 문화 연구』, 66, 41-66.

_____ (2023).「서기 4세기 로마역사가 암미아누스의 갈루스 서술 - 갈루스 통치와 콘스탄티우스와의 관계에 대한 서술의 문제 (353-354년) -」,『대구사학』, 152, 171-201.

임홍 (1997).『중국고대의 환관』, 이상천 옮김, 울산대 출판부.

로마 환관

권력과 욕망의 이중주

초판 발행   2024년 7월 20일

지 은 이   손태창
펴 낸 이   김성배
펴 낸 곳   도서출판 씨아이알

책임편집   신은미
디 자 인   윤현경 엄해정
제작책임   김문갑

등록번호   제2-3285호
등 록 일   2001년 3월 19일
주   소   (04626) 서울특별시 중구 필동로 8길 43(예장동 1-151)
전화번호   02-2275-8603(대표)
팩스번호   02-2265-9394
홈페이지   www.circom.co.kr

I S B N   979-11-6856-238-7   93920